# ¿Por qué soy infiel?
## Cuando la pareja no es el motivo

# ¿POR QUÉ SOY INFIEL?
## Cuando la pareja no es el motivo

Araceli Ayón Guerrero

María Teresa Rajme Hekimian

## EL LIBRO MUERE CUANDO LO FOTOCOPIAN

Amigo lector:

La obra que tiene en sus manos es muy valiosa. Su autor vertió en ella conocimientos, experiencia y años de trabajo. El editor ha procurado una presentación digna de su contenido y pone su empeño y recursos para difundirla ampliamente, por medio de su red de comercialización.

Cuando usted fotocopia este libro o adquiere una copia "pirata" o fotocopia ilegal del mismo, el autor y editor no perciben lo que les permite recuperar la inversión que han realizado.

La reproducción no autorizada de obras protegidas por el derecho de autor desalienta la creatividad y limita la difusión de la cultura, además de ser un delito.

Si usted necesita un ejemplar del libro y no le es posible conseguirlo, escríbanos o llámenos. Lo atenderemos con gusto.

EDITORIAL PAX MÉXICO

Título de la obra: *¿Por qué soy infiel? Cuando la pareja no es el motivo*

COORDINACIÓN EDITORIAL: Gilda Moreno Manzur
FORMACIÓN:          Abigail Velasco y Juan Carlos González
PORTADA:            Víctor Gally

© 2016 Editorial Pax México, Librería Carlos Cesarman, S.A.
      Av. Cuauhtémoc 1430
      Col. Santa Cruz Atoyac
      México DF 03310
      Tel. 5605 7677
      Fax 5605 7600
      www.editorialpax.com

Primera edición
ISBN 978-607-9346-99-7
Reservados todos los derechos
Impreso en México / *Printed in Mexico*

# ÍNDICE

# PRÓLOGO

(1+1=2, 2+1=3...)

Lo que es aritméticamente simple: uno más uno es dos; dos más uno es tres, en el campo de la geometría, se complica con líneas, planos y volúmenes. En las relaciones entre personas se enreda más, porque los números vienen garapiñados, cargados con prejuicios.

Un punto, denominémoslo "C", solo se define a sí mismo. No lo imagines como el contacto del grafito sobre el papel, sino solo, en el centro del universo. No hay arriba ni abajo, ni bueno ni malo.

C, en soledad, únicamente puede pensar en sí. Nada más existe. Solo un punto y la paz. En el principio fue solamente un punto solo, que hizo pareja cuando apareció B.

La nada ya tiene dos huecos: C y B, que son los únicos dos elementos en el espacio infinito. Así se perciben mutuamente porque nada más existe: solo tú y yo. Muchos cuentos terminan aquí, las historias pasan por aquí y siguen.

B y C no conocen más, en su vida no hay algo más. Se aman sin decirse cosas porque todo es obvio. Pasan largos ratos mirándose y luego mirando a la nada y luego otra vez.., y creen conocerse, pero en realidad no se ven. Nunca se han visto. La geometría: única norma en estas condiciones, les preparó una tragedia: dos puntos cualesquiera (B y C, para el caso), definen la línea C-B, que los une y los separa, y una línea es un infinito número de puntos.

La geometría, incorruptible, acomoda un infinito número de puntos entre B y C. Cuando B mira en dirección a C, no ve a C, solamente puede ver al primer punto de la larga fila que termina en C. B y C creen mirarse, pero solo ven algo que se les parece. B no conoce a C ni C a B. Para decir cualquier cosa interesante sobre B o C hay que estar fuera de la línea recta…

Los demás puntos tienen dos puntos al lado, uno en dirección C y otro en dirección B, pero B y C no. Solamente tienen una pareja y el vacío, y así viven.

Tener únicamente una pareja a un lado, y el vacío por el otro, parece suficiente, hasta que en la vida de B ocurre el punto A, y todo cambia.

Con tres puntos se define una superficie. Ahora sí, como un papel triangular delimitado por tres líneas, tres pares de puntos:

1. La relación, primera, singular, pura y santificada de C con B. Esa que creíamos que no cambiaría, porque era perfecta y apegada a la moral binaria.

2. La nueva relación de A con B, que da nuevo sentido a la existencia de cada uno, llenándolas de posibilidades y complicaciones, de temores y certezas.

3. La borrosa relación entre C y A, matizada por la diferencia entre antigüedad y novedad, y, al principio, por los aromas contrastantes del compromiso y la libertad, de la costumbre frente al amor.

Cuando solo existían B y C, y la línea recta, nadie sospechaba la aparición de A, o secretamente la temían, pero hoy ya existe el triángulo.

Las personas que observan este tipo de triángulos tienen la enfermiza obstinación de atribuir bondad o maldad a los vértices, y ven en el triángulo una desgracia: la ruptura del sagrado orden de la dualidad.

Pero el triángulo es el principio de la construcción. Los puntos, unidos por pares, podrían llenar un universo sin cohesión, sin sentido. Los triángulos, que suelen compartir puntas, forman redes, más sólidas cuando cada punto participa en varios; vibran, resuenan y se reacomodan. Hay estructura: la existencia y la estabilidad emocional de cada punto no dependen solo de otro punto.

Las redes emocionales funcionan así: cuanto más relaciones tenga cada persona, y cuanto más sólidas sean, mayor será la cohesión social. Pertenecer a un grupo social implica múltiples relaciones sociales entre las personas que lo componen. Un grupo coherente, estructurado a partir de vínculos de afecto, es menos vulnerable, más difícil de someter. Cada persona encuentra más posibilidades de apoyo.

La imposición formal de la monogamia como único modo aceptable para relacionarse en términos erótico-afectivos ha sido una herramienta para debilitar las redes sociales. Excluir otras posibilidades de relación no las extirpa, pero suele cargarlas de culpa y las empuja a la clandestinidad posibilitando que quienes participan en ellas sufran confusiones y abusos.

En este contexto surge una actividad profesional que sería innecesaria (o tendría otro nombre) en un mundo respetuoso de la diversidad: la terapia de pareja, con diversas aproximaciones:

> » En el extremo conservadurista se dedican a hacer bonsai emocional, es decir: a poner restricciones a la vida emocional hasta lograr un producto adecuado, decorativo. Su meta es desarmar triángulos e instalar, de manera adecuada, las "muy correctas" limitaciones derivadas de la moral judeo-cristiana-estoica. Sobra decir que esta especie abunda, y disemina la idea de que todo triángulo es solo una línea que pasa por un momento difícil: entienden la infidelidad como una enfermedad de la pareja.

> » Los radicales antipareja están en el otro extremo, caracterizados por otros prejuicios, como el "pragmatismo cínico" que niega absolutamente la posibilidad de encontrar felicidad en las relaciones exclusivas, monógamas. Para este sector lo enfermizo es la exclusividad erótico-afectiva, que meramente deriva en sufrimiento…

> » En algún punto intermedio entre estas dos posturas extremas (que intentan imponer a todos un único modo de relacionarse), hay otras que han decidido alejarse de todo prejuicio para observar el fenómeno de los triángulos amorosos, y describirlo, no por el cristal del "deber ser", sino desde la perspectiva de la investigación científica: antes de arrojar valoraciones debemos saber qué es lo que realmente hay.

Tuve el gusto de conocer a Tere y Araceli, que están en esta categoría, dispuestas a rechazar todo tipo de prejuicios y valoraciones previas. Su trabajo les ha permitido conocer muchos relatos sobre la vivencia de relaciones "en triángulo", en los que cada persona participante comparte la historia como la percibe desde su propio ángulo.

En este, su primer libro, comparten la perspectiva de uno de los tres vértices: la persona que tiene dos parejas, B (amante de A y en compromiso con C).

Las autoras se refieren a la persona B como "infiel" (adjetivo debatible), pero evitan tanto la descalificación *a priori*, como la apología, y en esto reside el valor y la originalidad de su investigación: primero hay que saber qué hay, cuál es la realidad, para ofrecerle una brújula que apunte hacia la felicidad.

La persona infiel puede ser hombre o mujer y puede haber llegado a esta situación por muy distintos caminos y vivirla de múltiples maneras. El libro que tienes en tus manos te permitirá asomarte a la realidad de las personas infieles de un modo serio y libre de prejuicios.

ÓSCAR CHÁVEZ LANZ

# INTRODUCCIÓN

Para muchas personas, tener pareja o vivir una relación de pareja es sumamente importante, no solo por el tiempo que le dedican sino porque cifran en ella el bienestar de su vida. Por esta razón, el fenómeno de la infidelidad es un tema de gran importancia para hombres y mujeres, ya que constituye uno de los principales motivos de distanciamiento, e incluso de ruptura, en la pareja.

Vivimos en un mundo en el que la infidelidad, pese a ser una conducta frecuente, es severamente condenada, y consideramos por ello que su estudio es fundamental dado su impacto social. La literatura que hemos consultado sobre este tema se centra casi siempre en la persona afectada, es decir, en el individuo a quien le han sido infiel. Ciertas obras se enfocan en quien desempeña el papel de amante, y muy pocas abordan las experiencias de quien ha sido infiel. Hablar de la infidelidad –y más concretamente, de las personas infieles– significa ahondar en un cúmulo de emociones, sensaciones y pasiones humanas. Por lo anterior, queremos hacer patente nuestro agradecimiento a todos aquellos que confiaron en nosotras al compartir su intimidad. Este libro pretende darles voz a quienes no se les ha permitido expresar lo que piensan, lo que sienten.

Entre los motivos que nos llevaron a escribir este libro, destacan:

» Explorar de qué manera la infidelidad afecta a las personas.

» Saber cómo viven las personas infieles esta situación, es decir, conocer la historia contada desde su perspectiva.

» Tomar conciencia de la forma en que opinamos y emitimos juicios, directos e indirectos, y el grado en que esto puede afectarnos a nosotros mismos y a terceros: confidente, pareja, amante, sistema familiar, sociedad, etcétera.

» Analizar por qué los seres humanos nos empeñamos más en juzgar que en comprender, en señalar que en integrar, en aparentar que en ser; examinar también por qué nos inclinamos más a restar que a sumar, y a violentar o culpar a los demás que a asumir nuestra responsabilidad.

En este proceso de búsqueda fue notable el nivel de curiosidad que tenían las personas por saber quiénes eran más infieles: ¿las mujeres o los hombres? Quizá se piense que la respuesta puede guiar un criterio objetivo en la calificación del acto.

Lo que sí es un hecho, es que es más probable que el acuerdo sexo-afectivo de exclusividad se rompa –por diferentes motivos y circunstancias, a lo largo de una relación de compromiso– a que esto nunca suceda.

Durante nuestra práctica terapéutica hemos atendido a hombres y mujeres que han sido infieles y a quienes han estado del otro lado de la barrera, y también a parejas en las que la infidelidad ha sido un fantasma en su relación.

Nos ha tocado conversar con el tercero (o la tercera) en discordia, así como con parientes o familiares que se han involucrado directa o indirectamente. Aun cuando el motivo de la consulta sea otro, si existe infidelidad, tarde o temprano esta aparecerá en la historia. En nuestra cultura solemos comportarnos, respecto a este tema, de manera binaria, es decir, compadecemos a las personas a las que les han sido infieles, decimos que son las "víctimas", los buenos de la historia, mientras que quienes han sido infieles son señalados como "victimarios", como los malos.

En 2009, el sexólogo mexicano Oscar Chávez Lanz explicaba así el concepto de binarismo:

Una variable es binaria cuando solamente tiene dos estados, sin condiciones intermedias: blanco o negro. Una descripción binaria de la realidad es útil al empezar a entender algo, o al explicarlo por primera vez; tiene utilidad didáctica. Esa primera aproximación suele superarse al conocer más detalles del asunto del que se trata. Cuando sabemos más podemos distinguir los tonos de gris.

Las posturas binaristas ocultan o castigan la existencia de otras condiciones que no sean las extremas. Las consideran defectos respecto a una "forma ideal" (el idealismo platónico). El binarismo considera, estoicamente, la diversidad como un estorbo.

Muchas conceptualizaciones populares con relación a la sexualidad todavía son binarias. La realidad no lo es. [...] Estos cuatro aspectos de la sexualidad (sexo, género, identidad y orientación) están limitados por el *prejuicio binarista*. El asunto es más diverso [...].[1]

El prejuicio binarista presenta "la realidad" como un melodrama donde solo hay buenos y malos, y los buenos son completamente buenos, y los malos, completamente malos.

En el espectro entre buenos y malos se encuentra la mayoría de las personas y la riqueza de las relaciones. En las sesiones terapéuticas escuchamos a las personas infieles y sabemos que están atravesando por emociones y sentimientos encontrados al cargar con toda la culpa... ¡y cómo no si en la narrativa de la infidelidad ellos encarnan el estereotipo de la maldad.

Si pensamos esto como una historia en la que participan el protagonista, el antagonista y la víctima, es mucho más constructivo crear escenarios reales donde se encuentren soluciones para el crecimiento y el desarrollo humano, en vez de aferrarnos a esquemas obsoletos que ofrecen una visión pobre, condicionada y poco profunda de los hechos.

Es sorprendente que siendo la infidelidad una trama de vida tan recurrente haya relativamente pocos libros que aborden el tema. Los que existen dan un panorama general de las razones de la infidelidad, incluso llegan a ser valorativos dependiendo de la tendencia que utilicen. Sin embargo, son muy pocos los que se centran en la perspectiva de los infieles y en su experiencia de vida.

---

[1] Óscar Chávez Lanz (2009), "Sexualidad, paradigmas y prejuicios", en Julio Muñoz Rubio (coord.), *Contra el oscurantismo: defensa de la laicidad, del evolucionismo, de la educación sexual,* México, Universidad Nacional Autónoma de México, pp. 193-220.

En nuestra práctica terapéutica escuchamos el punto de vista de las personas infieles, y casi siempre encontramos que poseen una "energía" que los mueve fuera de su pareja, independientemente de que el motivo sea consciente o no.

¿Qué es esto? ¿Cómo? ¿Por qué y para qué? son algunas de las interrogantes que se intentará responder aquí desde una postura humanista existencial.

El objetivo, en líneas generales, es llegar a conocer al infiel a través de su narrativa y el enfoque de su propia experiencia.

# DE AFECTOS... Y DE AMORES

*Two people give themselves to each other and each hopes that the other has something to give and is free to give in abundantly.*

*[Dos personas se entregan mutuamente, y cada una espera que la otra tenga algo que dar, y sea libre para ofrecerlo en abundancia.]*

THOMAS MOORE

En este primer capítulo presentamos los principales conceptos psicológicos que han sentado las bases para una buena parte del contenido de este libro.

## UNA APROXIMACIÓN PSICOLÓGICA

La psicología estudia, entre otras conductas, la manera en que los individuos establecen vínculos afectivos entre sí, más precisamente, la forma en que las relaciones afectivas se van construyendo, repitiendo o transformando a lo largo del tiempo. En la vida adulta, uno de los lazos afectivos más relevantes es el de la pareja. Las teorías que se han elaborado en torno a ella casi siempre convergen en que inevitablemente llega un momento en el cual las parejas pasan por situaciones conflictivas y sienten tal grado de incomodidad y desgaste que no saben cómo resolver los problemas; en ocasiones, ante la incapacidad de la pareja para hallar solución a los conflictos, optan por terminar la relación.

Las primeras teorías para explicar la infidelidad en la pareja surgieron de la práctica médica y hacían hincapié en los aspectos fisiológicos. Para

Freud, con el **psicoanálisis**, el amor se relaciona con la historia y la infancia del sujeto, y surge de la relación que se establece con los primeros "objetos": la madre, las figuras parentales, entre otros, que se van repitiendo en el transcurso de la vida. Sus formas tienden a ser de tipo patológico y excluyen ciertas conductas sustentadas en estructuras sociales de la época. Hay que recordar que para Freud la infancia era sinónimo de destino.

La teoría del **apego** establece que un acercamiento sano, adecuado y equilibrado entre madre-hijo le proporcionará al bebé la seguridad y la protección necesarias para evitar sentir ansiedad, tanto en el momento de la aproximación como en el del alejamiento de la madre. En la adultez, el individuo lo traducirá como una forma saludable de vincularse con otros, es decir, le proveerá de valiosas herramientas para construir sus futuras relaciones. Si el niño no recibe el contacto propicio por parte de su progenitora, esto propiciará que en la adultez sienta inseguridad e inestabilidad al relacionarse. También es probable que busque reafirmar su valía y seguridad a través de los vínculos afectivos que construya con otros. Las carencias de su infancia se verán reflejadas en los patrones repetitivos de su conducta.[2]

Por esto, el apego ha sido un tema recurrente en las tesis de diversos psicólogos. Las teorías elaboradas en torno a él ayudan a sustentar estudios relacionados con la satisfacción afectivo-sexual de una pareja, así como con el mantenimiento y la ruptura de relaciones sentimentales. Para Jung, en el desarrollo del niño las figuras del padre y la madre aparecen como arquetipos, y dependiendo de la interacción desarrollada con ellos el niño puede llegar a traducirlos como complejos que con el tiempo generarán negaciones, estancamientos, fijaciones y otros, en vez de una conexión sana, inteligente y creativa con su pasado.[3]

Jung utiliza el término **sombra** para designar todo aquello que una persona no desea ser, pues esos aspectos la hacen mostrarse como un ser inferior, la avergüenzan y evita exteriorizarlos por ser cualidades desagradables, insuficientes, mal desarrolladas o simplemente porque forman parte del inconsciente personal. Es común que los seres humanos aprendan a re-

---

[2] Véase cita comentada en la Bibliografía.
[3] Véase cita comentada en la Bibliografía.

lacionarse con los demás eludiendo su sombra, ya sea con una personalidad introvertida o extrovertida. Al inicio de toda relación amorosa se procura ocultar la sombra y se muestran solo las facetas positivas. Sin embargo, con el tiempo algunas características de la sombra emergen y empiezan a surgir conflictos en la pareja; es en este punto donde los involucrados dejan de reconocerse. Al enfrentar esta nueva realidad mucho de lo que los unía en un principio comienza a desvanecerse.

Por ejemplo, la sombra de una persona rígida puede incluir el ser infiel y en ello radica su crecimiento. Si, por el contrario, la persona es consciente de su poligamia, entonces su sombra sería el ser fiel. Para Jung, la infidelidad es como un juego, ya que lo que realmente se oculta no es la infidelidad sino la sombra.

En su teoría de *sistemas*, Bowen se basa en los ciclos de proximidad y distanciamiento del niño y la madre; una dualidad provocada entre el miedo a ser aprisionado y la ansiedad que genera la separación. Este autor señala que las familias son sistemas y, por tanto, interactúan de la misma manera en que lo hacen los engranes de una máquina; cuando una de estas piezas falla, se acerca o se aleja demasiado, afecta el funcionamiento de todo el sistema.

Los triángulos amorosos surgen como consecuencia de un distanciamiento en la relación íntima de la pareja, y esto hace que la atención recaiga en otro objeto o persona. Hay que tomar en cuenta que la interacción de los integrantes de un sistema depende en gran parte de la dinámica que se da entre la dialéctica de la estabilidad y el cambio. Los terapeutas sistémicos de familia y de pareja se centran en las fortalezas y el mejoramiento de las relaciones de cada miembro, y no en sus dificultades psicológicas. Una familia unida depende del tipo de engranajes, equilibrados o no, prevalecientes entre sus integrantes. La unidad familiar se mantiene a cualquier precio y ayuda a esclarecer los propósitos de dicho patrón de comportamiento; en otras palabras: mantener dicha unión puede afectar a uno o más miembros de manera individual, pero ese es el costo que hay que pagar.[4]

La pareja influye energéticamente en la naturaleza del sistema familiar y es capaz de equilibrarla. Cuando en una pareja uno de los dos desea reducir

---

[4] Véase cita comentada de Rolando Díaz-Loving en la Bibliografía.

su incomodidad o ansiedad (producto de un desajuste en su desarrollo personal), tiende a proyectarla en el otro, y puede convertirlo en el detonante de la infidelidad. En este punto, las familias de ambos miembros de la pareja desempeñan un papel importante, ya que en muchas decisiones tomadas por la pareja es evidente la injerencia de los familiares.

La relación de pareja no cambia si sus integrantes no pueden lograr diferenciar una historia real de una ideal. Modificarla de raíz supone un compromiso implícito en el que deben enfrentarse situaciones incómodas y desconcertantes. Es fundamental que el trabajo orientado hacia un cambio profundo ocurra de manera integral para no introducir elementos viejos en la nueva historia. Contar el amor como si fuera una historia nos permite expandirnos y abrirnos a un mundo de infinitas posibilidades, y en este sentido, el papel que desempeña la infidelidad dentro de cada historia es clave para la mejor comprensión de la relación de pareja.[5]

La *terapia bioenergética* de Lowen (1959), sustentada en el trabajo de Wilhelm Reich, postula una conjunción entre la mente y el cuerpo, y con base en ello formula teorías de la personalidad. Lowen expone que una de las personalidades se va formando antes del nacimiento, y las otras se desarrollan a lo largo de los primeros cinco años de vida. Estas estructuras de carácter —como llama a las personalidades— son resultado de la interrelación entre las principales figuras parentales (padre-madre). Cada tipo de personalidad se caracteriza por una estructura corporal específica que está correlacionada con la forma de comportarse de cada individuo, pero no será la única, ya que todos los adultos poseen tres estructuras de carácter cuyos atributos físicos se subordinan a la estructura primaria, la cual permanecerá a lo largo de la vida. La relación entre vínculo y apego que se establezca con estas figuras parentales determinará las relaciones futuras que el adulto construya con individuos de ambos géneros.

El contacto es el proceso básico de la relación. En la toma de contacto, el individuo siente una excitación por algún objeto o un conjunto de posibilidades con las que puede ejercer su capacidad de elección y de rechazo. El contacto siempre se da en el presente, en el aquí y el ahora. Estos estudiosos señalan que muchas características de la infancia dejan de

---

[5] Véase cita comentada de Sternberg en la Bibliografía.

tener relevancia, ya que son las actitudes del adulto las que constituyen la novedad. Integrar las capacidades infantiles, como la imaginación, el juego, la fascinación y la expresión de sentimientos, en la edad adulta es sano.[6]

En las parejas el principio básico corresponde a la Oración Gestáltica de Perls (1973).

*Yo soy yo.*

*Y tú eres tú.*

*No estoy en este mundo para llenar tus expectativas.*

*Y tú no estás en este mundo para llenar las mías.*

*Yo soy yo.*

*Y tú eres tú.*[7]

Para la Gestalt, las personas que no cuentan con herramientas de auto-apoyo, que no son responsables y se relacionan sin la finalidad de crecer, sino con la idea de encontrar a alguien que se responsabilice de ellas y les proporcione apoyo, son más propensas a las relaciones insanas y carentes de contacto productivo.

El terapeuta sexual y de pareja David Schnarch expone que en las personas, las familias y las parejas se presenta un ciclo interno de confort y otro ciclo externo de crecimiento. El ciclo de crecimiento se manifiesta en el contacto con el entorno, mientras que el de confort es interno y sin contacto con el exterior. El crecimiento y el confort se contraponen, ya que no se puede permanecer en ambos. Las personas tienen que correr riesgos y sufrir ansiedad para poder crecer. Cuando las parejas actúan desde diferentes círculos, podría surgir un conflicto y presentarse la infidelidad.

Algunas personas, desde su ética, prefieren evitar la infidelidad ya que se rigen por el sentido común que indica que no debe hacerse a otros lo que no nos gustaría que nos hicieran a nosotros; es decir, actuar en concordan-cia y congruencia con los valores que se tienen (ser honesto primero con

---

[6] Véase cita comentada de Perls, Hefferline y Goodman en la Bibliografía.
[7] Perls, Fritz, *El enfoque guestáltico y testimonios de terapia*, Cuatro Vientos, Santiago, 2003, p. 136.

uno y con los demás). Para este tipo de personas es preferible poner fin a una relación o un compromiso que ya no se desea o no funciona, antes de comenzar otra relación de pareja. También existe la posibilidad de que los involucrados planteen, desde el inicio, su deseo de tener una relación abierta que incluya a otras personas. De esta manera se resalta el grado de honestidad y compromiso que se tiene en lo personal y con la pareja.

Los seres humanos actúan y respetan las normas vigentes y establecidas en una sociedad de acuerdo con el grado de responsabilidad y honestidad que les dicte su ética y moral (amor, amistad, libertad, sinceridad, entre otras). En esto se fundamenta su libre albedrío. La monogamia y la poligamia son una elección de vida y, por ende, un compromiso a conciencia en las relaciones que se construyan.

Nuestro estudio se suma a estas investigaciones y aproximaciones psicológicas y filosóficas desde una postura existencialista. Buscamos darles un lugar y una voz a las personas que eligieron ser infieles. El objetivo es centrar su vivencia en el aquí y el ahora, aunque también profundizamos en aquellas que forman parte de su pasado y aún influyen en su presente. Las experiencias de vida pueden interpretarse de muchas maneras, y nosotras queremos contribuir con un análisis basado en el eje de "fracaso-crecimiento" de la persona infiel. El propósito no es solo ampliar la información que ya se tiene, sino crear conciencia en todo lo positivo y negativo que puede incorporarse o desecharse en el proceso de crecimiento personal de un individuo.

## EMOCIONES, SENTIMIENTOS, PASIONES Y VIRTUDES

Las parejas se relacionan por medio de vínculos y experiencias que poseen un cúmulo de emociones, sentimientos, pasiones y virtudes. La experiencia se da en la frontera entre el organismo y su entorno, en la realidad del contacto.

Tanto para la terapia Gestalt como para la bioenergética, el ser humano sano es sinónimo de relación sana, y esto solo se alcanza al desarrollar la capacidad de poder estar en contacto con las emociones. Para entender la emoción es necesario conocer los factores que interactúan en este proceso. El ser humano desarrolla necesidades que debe satisfacer a través del medio ambiente para lograr sobrevivir. Algunas de estas necesidades básicas son: respiración, alimentación, descanso, sexo y homeostasis (Maslow, 1943). Después vienen las necesidades de seguridad, de afiliación/sociales, de reconocimiento y, por último, de autorrealización.

Cuando el ser humano advierte que tiene una necesidad (sensación o percepción), se siente impelido a saciarla, ya sea por el impulso de sobrevivencia o por ejercer una actividad motora, y es ese intento, fructífero o truncado, el que generará una emoción: miedo-ira, alegría-gozo, entre otras, dependiendo de la inhibición-excitación del mismo.

Si la necesidad se inhibe, se produce una conducta motora de flexión y el impulso contenido limita la expresión emocional. Las necesidades inhibidas se experimentan incluso a través del miedo y la alegría. Si, por el contrario, la necesidad es de excitación, la conducta motora que produce es de extensión, y es entonces cuando se completa la consumación del impulso. Las emociones de excitación son la ira y el gozo. Con base en lo anterior podemos decir que la sensación, la percepción y las emociones no son aprendidas, pero la expresión conductual de estas sí lo es. Las emociones son parte integral de lo que somos y, por tanto, es imposible suprimirlas o eliminarlas por más que queramos.

No todos los sentimientos surgen de las emociones, algunos provienen de un ejercicio de la razón o de una mezcla de ambos, incluyendo la interacción con el entorno. Para Titchner, una de las cualidades del sentimiento es su vaguedad (tiende a no ser claro). El placer y el displacer pueden ser intensos y duraderos, pero nunca explícitos. Pasión es la voluntad, la acción, el interés, la emoción y el sentimiento que mueven a una persona para obtener lo que desea. Algunas pasiones se deben a la necesidad de trascender a la muerte. Las maneras que ha encontrado el ser humano de traspasar ese límite son el arte, la ciencia y sus legados, el amor y seguir viviendo en la mente de la persona amada y en la procreación.

El enamoramiento se define por una serie de sensaciones exaltadas a nivel fisiológico, sin control voluntario. Para otros, el amor es como una virtud, pues proporciona libertad, individualidad y la voluntad de cada persona. Para muchos sería ideal mantener y conservar esas sensaciones vividas cuando se está enamorado, pero diversas investigaciones demuestran los motivos por los que este placer no puede prolongarse indefinidamente; en su libro *Pasión romántica*, Rozzana Sánchez Aragón ofrece una descripción detallada de ellos.[8]

Al contrastar las diferentes posturas sobre cómo sentir y definir el amor, podría concluirse que este no es un sentimiento sino una idea. Para los griegos son las virtudes las que nos ayudan a mejorar nuestras imperfecciones. La intención es siempre llegar a ser mejores personas, tanto a nivel individual como en la interacción con el mundo que nos rodea. Lo que en verdad une a la humanidad es la conciencia colectiva de la nobleza y la bondad del ser.

---

[8] Sánchez Aragón, R., *Pasión romántica más allá de la intuición, una ciencia del amor,* Porrúa, Facultad de Psicología, México, 2007, p. 85.

## CAPÍTULO 2

# AL PRINCIPIO ÉRAMOS DOS

*No hay beso que no sea principio de despedida; incluso el de llegada.*

GEORGE BERNARD SHAW

La nada, el cero, el vacío… y al principio "yo", como individuo era uno. El uno simboliza el origen primitivo del mundo aún sin diferenciar, y al mismo tiempo, el uno nos remite a la totalidad, a la que pertenecen todas las cosas y seres; a la individualidad; al origen. Podría decirse que es lo estático y solitario, o sea, el ensimismamiento.

El ser humano se tiende a aislar si no hay movimiento hacia el entorno, necesitamos desplazarnos para estar en presencia de otras personas; acercarnos a ellos. Es a través del contacto, que logramos reconocernos, experimentar que somos dos para lograr crecer, evolucionar, enriquecernos, conocernos y compartirnos, para después, con las experiencias adquiridas, replegarnos a nosotros mismos.

Como individuos podemos ser autosustentables pero no autosuficientes, ya que necesitamos del medio y las relaciones que este nos provee –agrupaciones, uniones– para lograr reflejarnos, internalizarnos y aprender de nosotros mediante la presencia del otro, del contacto, el afecto y la compañía. Por ello, desde una perspectiva humanista, puede afirmarse que todos necesitamos de todos.

En el transcurso de nuestra vida creamos múltiples relaciones que, observadas con detenimiento, funcionan en términos de pareja: hermanos, compañeros, amigos, socios. Todas implican afectividad, amor filial, y pueden estar fundamentadas en la convivencia, la compañía, el respeto y el apoyo. Al formar pareja con alguien, sea o no de nuestro mismo sexo, generamos diferentes sentimientos que no necesariamente implican un acercamiento o intercambio erótico-sexual. El propósito de este libro es explorar las parejas sexoafectivas y erótico-sexuales.

## PAREJA DE COMPROMISO

A lo largo del tiempo conocemos personas con quienes podríamos entablar una conexión sexo afectiva o erótico-sexual, pero para identificar de qué manera se conforma una pareja de compromiso es preciso saber cómo se relacionan los individuos. En *El triángulo del amor*, Robert Sternberg representa el amor con un triángulo en el que cada uno de sus vértices es un componente: intimidad, pasión y decisión-compromiso. El desequilibrio en alguno de ellos implica diferentes resultados. Por ejemplo, si solo hay intimidad, eso significa que solo hay cariño; si únicamente hay pasión es un amor insensato, y si solo existe decisión-compromiso, se trata de un amor vacío.

En este modelo, los lados del triángulo se etiquetan de la siguiente forma:

» Intimidad + pasión = amor romántico

» Intimidad + compromiso = amor y compañerismo

» Pasión + compromiso = amor vano

Si es posible trazarlos tres lados del triángulo (intimidad + pasión + decisión-compromiso), el resultado será un amor consumado.

### Intimidad

Como se mencionó, la intimidad es uno de los componentes principales de las relaciones de pareja pues, según Robert Sternberg, la intimidad es el nivel de acercamiento, vínculo y conexión que existe entre ellas. En este sentido, puede decirse que la intimidad es el lazo que se establece a partir del conocimiento personal, secreto y profundo, que permite la unión, el contacto y la complicidad entre dos personas. Sin embargo, no es una condición exclusiva de las parejas sexoafectivas, pues también puede darse en relaciones que se construyen bajo un esquema emocional profundo, como la familia (madre, padre, hijos, tíos) y los amigos.

Otros autores mencionan que la intimidad es una experiencia en la que la persona desea confrontar aspectos que le son incómodos y que, por ende, no quiere compartir con el otro. Para lograr la intimidad es necesario echar mano del autoconocimiento, la diferenciación, la independencia y el autosostenimiento, y por último, tener la voluntad de querer mostrar quién es uno en realidad sin esperar a cambio validación y reciprocidad, pues se tiene la seguridad de quién es uno.

La intimidad puede construirse tanto en el camino de crecimiento personal como en el de la pareja. Sin embargo, para que la intimidad sea satisfactoria y enriquecedora para ambas partes, es fundamental que los dos participen en el proceso; de lo contrario, la persona que no desea intimar es la que tomará el control del "acercamiento-alejamiento" en la relación.[9]

Steven Solomon y Lorie Teagno aseguran que la clave para que una pareja perdure radica en su capacidad de intimar.[10] Los autores proponen tres tipos de intimidad:

> » La *intimidad del self*, en la que es posible que el individuo se dé cuenta de sus pensamientos, sentimientos y necesidades, y tenga la voluntad de reconocerlos ante sí y ante la pareja.

> » La *intimidad conflicto*, cuando la persona es capaz de admitir pensamientos, sentimientos y necesidades, en particular aquellos que son difíciles o negativos, y se puede escuchar y aceptar lo que el otro le comparte, para de esta forma involucrar y crear apertura en la pareja.

> » La *intimidad afecto*, que consiste en la habilidad de expresar cariño y amor por la pareja con acciones, palabras y acercamiento físico. En este punto, surge la sexualidad como expresión de cariño y las caricias afectivas no se consideran sexuales. Además, cuando la pareja es sexoafectiva se suman las relaciones sexuales a la experiencia de

---

[9] Véase cita comentada de Rolando Díaz-Loving en la Bibliografía.

[10] Solomon, Steven D. y Lorie J. Teagno, *Intimacy after Infidelity: How to Rebuild and Affair-proof Your Marriage*, New Harbinger Publications, Oakland, CA, 2006.

intimidad, que si bien para muchos significan una apertura íntima para otros no poseen el mismo significado.

El sentido y la interpretación de las acciones y los sentimientos dentro de una relación sexual son amplios, individuales y subjetivos. Cada persona sabe qué desea agregar a esa experiencia, ya que pueden involucrarse todos los grados de intimidad, desde una relación sexual sin apertura hasta una entrega profundamente íntima.

Por tanto, estar comprometido en pensamiento, palabra y acción con la pareja no necesariamente implica tener relaciones sexuales, aunque en lo cotidiano así se establezca. De tal forma, en este libro usaremos la palabra *intimidad* y el verbo *intimar* para referirnos a esa voluntad de decisión que poseen las personas de querer abrirse o no conscientemente, así como a su capacidad para aceptarse como son, sin necesidad de recurrir a la validación o aprobación del otro.

## Pasión

Al igual que con la intimidad, también es importante entender lo que es la pasión; se dice que la pasión es un impulso intenso que se caracteriza por albergar un fuerte interés por algo o alguien en específico y un urgente deseo de obtenerlo.

La genera cualquier tipo de situaciones relacionadas con los impulsos del cuerpo, como sudoración, palpitación, enrojecimiento, hiperventilación, entre otras.

En la relación de pareja es un elemento que motiva a la persona a realizar acciones que empujan hacia el sujeto amado. Es un impulso sexual que conlleva otros impulsos y necesidades, como autoestima, entrega, pertenencia y sumisión, así como los componentes de atracción física y deseo de unión sexual con la persona deseada. Por tanto, puede equipararse más con la conducta de un adicto, pues presenta una fuerte estimulación y placer al conseguir lo que desea y, al mismo tiempo, gran ansiedad cuando no lo tiene.

Cuando en una relación aparece la pasión, lo hace en forma rápida e intensa; por lo general, se vincula con la intimidad, y entre ellas se alimentan a favor de la relación. En ocasiones es lo que mueve a un primer acercamiento entre dos personas, a partir del cual surge la intimidad; y también puede ocurrir a la inversa. Con el tiempo disminuye, para dar paso al compromiso y crecer junto con él con el tiempo.[11] [12]

Sternberg afirma que si la pasión llega y la intimidad está ausente, hablamos de un *encaprichamiento*. Este tipo de vínculo relacional no permite la evolución y crecimiento en la pareja pues a medida que decae aumentan los conflictos entre sus integrantes.[13]

La pasión suele relacionarse con el interés sexual, aunque en ocasiones esto no es necesario. A veces, lo que ofrece la persona como parte de su vida, es lo que genera la pasión y el deseo de tenerlo o pertenecer a esta.

## Compromiso

El compromiso es una decisión que ayuda a sobrellevar la relación de pareja durante los periodos difíciles, pues las personas establecen objetivos, en forma y tiempo, que las mantienen unidas. En la actualidad, la posibilidad de un divorcio ha cambiado el grado y el valor del compromiso entre las parejas. Si antes el propósito era amarse hasta que la muerte separara a la pareja, en la actualidad esta promesa también puede formularse pero para plazos más cortos.

Según el tipo de compromiso que hayan pactado, las parejas tienden a estar en el eje de cercanía-lejanía. Muchas deciden serlo viviendo en lugares separados; otros tantos deciden formar un matrimonio, o simplemente cohabitar por diferentes razones, desde compartir gastos hasta formar una familia.

Es difícil entablar el inicio de una relación de pareja prediciendo el futuro, de modo que, por lo general, la duración del compromiso no es un acuerdo que se negocia.

En este libro consideramos "parejas de compromiso" o "parejas estables" a las que están constituidas por personas que formalmente se eligen

---

[11] Barrios Martínez, D., *En las alas del placer,* Editorial Pax, México, 2005, pp. 33, 34.
[12] Crooks, R. y K. Baur, *Nuestra sexualidad*, Cengage Learning, México, 2009, pp. 186-188.
[13] Sternberg, R., *El triángulo del amor*, Barcelona, 1989, pp. 40, 41.

para compartir un determinado tiempo, con algún grado de intimidad y con acuerdos implícitos o explícitos de exclusividad sexoafectiva frente a la sociedad y la familia con la que se relacionan, sin que necesariamente cohabiten ni esté legalizada dicha unión. De igual forma, aunque una persona infiel sostenga relaciones con dos personas que cumplen con estas características de forma simultánea, se asumirá como "pareja de compromiso" a aquella con la que primero se estableció el acuerdo.

## DIRECCIONES DE CRECIMIENTO EN LA PAREJA

Todas las relaciones de pareja definen su dirección con base en las metas que se plantean, sean estas claras o confusas, funcionales o disfuncionales. Sin embargo, los objetivos fundamentales de ese recorrido, en el tiempo y el espacio, son consolidarse, fortalecerse, enriquecerse y, sobre todo, crecer de manera individual y conjunta. Para lograr este crecimiento es de gran importancia mantener la dirección en tres puntos específicos: afecto, poder y límites.

### Afecto

El afecto es uno de los pilares para que la relación de pareja se establezca y se desarrolle sanamente. Pero no basta con la declaración de cariño; se requieren expresiones físicas, verbales y sexuales (palabras, gestos, caricias, abrazos, halagos, relaciones sexuales), y todas aquellas acciones con las que las parejas se confortan y se demuestran afecto durante el tiempo que dure la relación. También los pequeños detalles suman elementos que resultan gratificantes para los involucrados.

Sin embargo, las muestras de afecto no son iguales para todos; por ejemplo, algunas personas necesitan más expresiones de cariño que otras, y otras se sienten agobiadas con el exceso de ternura y argumentan que expresar afecto de manera constante puede convertir este gesto en un hábito sin sentido. No obstante, es esencial manifestarlo, independientemente de la cantidad, pues es algo que fortalece la relación. Es necesario ser creativos y evitar caer en la monotonía para descubrir e inventar un sinfín de expresiones afectivas.

## Poder y los acuerdos

En una relación se asignan responsabilidades mutuas e independientes, pero el poder recae en quien toma las decisiones, y se obtiene o se otorga por diferentes razones: fuerza física, libertad económica, independencia emocional (el que no depende afectivamente del otro), y otras. También puede ejercerse mediante las relaciones sexuales o el nivel de educación, y su práctica puede ser verbal, no verbal, directa o indirecta.

Para equilibrar el poder en las relaciones de pareja, la parte en desventaja suele encontrar formas, normalmente encubiertas, de influir en las decisiones por medio de la manipulación y la seducción. No obstante, algunas personas prefieren evitar comprometerse con los actos de decisión. La toma de decisiones en una relación marca el rumbo de la pareja y de cada uno de los integrantes.

Una de las creencias más comunes, ya sea que las parejas vivan juntas o no, es que entre ambos toman las decisiones por el solo hecho de vincularse en una relación afectiva. De igual forma, ambas partes suponen que tienen y comparten las mismas expectativas: cómo se relacionarán entre ellos, cómo se comportarán juntos en el entorno social, qué esperan y qué no desean de esa unión. Muchas veces estos cuestionamientos se plantean sin profundizar en ellos, por lo que no es de sorprender que el conflicto surja cuando cada uno expone sus diferencias con base en sus intereses y necesidades. Al aparecer este tipo de desacuerdos con frecuencia uno de los miembros de la pareja cede con tal de mantener la relación, pero por lo general quien asume el rol permisivo tiende a desconocer aspectos propios o a sentirse devaluado. Por ello, es conveniente aclarar que los acuerdos implícitos se dan cuando no se comentan ni negocian las necesidades y los intereses personales, provocando que quien toma las decisiones actúe en solitario y suponga que el otro estará de acuerdo en cualquier cosa que disponga.

No olvidemos que, aunque estemos en una relación amorosa, todos somos individuos, con necesidades e intereses personales que deben exponerse y negociarse con la pareja.

Los acuerdos explícitos son resultado de las negociaciones sobre un tema específico, y solo se logran comunicando las diferencias y alcanzando pactos y compromisos favorables para ambos.

El objetivo es encontrar una solución satisfactoria que contribuya a que la relación fluya con un menor grado de conflicto, sin que alguno de los dos ceda en sus deseos para evitar discusiones o enfrentamientos. La negociación, es hacer acuerdos "repartiendo, equitativamente, tanto los inconvenientes como los beneficios".[14]

## Límites

La individualidad del ser humano parte de la diferenciación que establece con el mundo que lo rodea. De forma natural, el individuo busca sentirse cómodo en su entorno, pero cuando este no parece apropiado surgen el miedo y la tensión, y se forma una barrera que lo ayuda a protegerse de lo que lo incomoda y amenaza, buscando ajustarse a la situación. Así, por medio de los límites asimilamos información del mundo y la clasificamos de acuerdo con nuestra valoración de los eventos. Si es apropiada, nos ayuda a ser más asertivos en el momento de decidir, o simplemente la excluimos para protegernos de lo tóxico y perjudicial. Los límites se aprenden durante las primeras etapas de la infancia cuando formamos modelos que nos ayudan a intimar con otras personas o a contenernos a nosotros mismos. No obstante, es común que utilicemos los límites de manera incorrecta, lo que imposibilita el desarrollo eficaz de nuestras habilidades.

Existen límites flexibles y difusos, que son difíciles de identificar, y límites rígidos y nítidos en los que la diferencia es tan evidente que la persona construye una muralla y se vuelve impenetrable. En estos casos, se siente sola y separada del mundo. En cambio, otras aparentemente poseen límites abiertos, aunque esto es solo una fachada pues en su interior son rígidas, y viceversa. Por último, algunas personas carecen de límites definidos y están acostumbradas a usarlos solo en ciertas situaciones.

La pareja sexoafectiva empieza a vincularse a partir del enamoramiento, fase en la que los límites son permeables y se funden con los del otro.

---

[14] Coria, Clara, *Las negociaciones nuestras de cada día*, Paidós, Buenos Aires, 1996.

Más tarde, los involucrados tratan de diferenciarse trazando límites, ya sea territoriales (el espacio físico que sentimos como nuestro) o personales (sentimientos, pensamientos y conductas). Los límites nos ayudan a prevenir y así, rechazamos o aceptamos abusos; también nos ayudan a respetar a quienes han marcado sus propios límites. Establecer límites saludables con nosotros mismos y con las personas con quienes nos relacionamos permite mantener nuestra individualidad, autorregularnos, adaptarnos, reorganizarnos y protegernos para tener contacto con el entorno e integrar nueva información para el crecimiento.

## LEALTADES EN LA PAREJA

La lealtad es un sentimiento que se acompaña del libre deseo de unirse o ser solidario con alguien para actuar y estar a su favor. En otras palabras, es la voluntad, sin condiciones, de apoyar, acompañar y estar del lado del sujeto al que se quiere ser leal. No hay que confundir la lealtad con la fidelidad; hay infieles que son leales porque su interés se centra en el beneficio de su pareja y su familia, por lo que sus experiencias como personas infieles pueden sumarse positivamente a estas áreas; prueba de ello son los múltiples relatos de infieles que reportan una ganancia personal que se extrapola a su círculo familiar. Asimismo, se conocen casos de individuos infieles que por lealtad cuidan el núcleo familiar manteniéndolo totalmente al margen de sus actos.

Cuando se trata de relaciones de pareja, la responsabilidad del individuo consiste en tener claro hacia dónde se inclinan su lealtad y su apoyo. Es común que muchas parejas guarden lealtades a sus familias de origen, a sus amigos e incluso a su género, pero cuando nos emparejamos formamos un nuevo sistema que debe reconocerse, tener su propio lugar y ser respetado antes que los demás en áreas que conforman su vida, para que funcione armoniosamente. De lo contrario, las lealtades tendrían que exponerse desde un inicio para que los involucrados tomen conciencia de las condiciones y las reglas en que se desarrolla la relación, y saber de antemano cuáles son las prioridades individuales. Tal es el caso de los segundos matrimonios.

Cuando uno de los miembros de la pareja no corta su lealtad con la familia de origen y le da más importancia que a su familia actual, su cónyuge puede sentir que no tiene una verdadera importancia dentro de la relación, por lo que quizá busque que alguien compense esa falta. En este sentido, aquellos que ven la infidelidad y la lealtad con significados diferentes no consideran que al ser infieles están siendo irrespetuosos con la relación, ni están siendo desleales, ya que para ellos la infidelidad carece de importancia. Puede decirse que existen personas que son desleales con su pareja pero no infieles, o infieles que no necesariamente deben considerarse desleales.

## Relaciones triangulares

Algunos fundadores de la Teoría de los Sistemas Familiares sostienen que las personas no pueden vivir en solitario y su tendencia es formar grupos para sobrevivir. Uno de esos grupos que en la actualidad está vigente, entre otros, es la familia, pero para lograr formarla, primero tienen que unirse en pareja. Observaron que en el interior de dicha unión existían ciclos de proximidad y distanciamiento. Cuando los miembros de la pareja se alejan entre sí, sufren en lo individual estados de ansiedad e inestabilidad, en tanto que en el acercamiento, tienen miedo al sentirse aprisionados y saturados por el otro.[15]

Los triángulos amorosos son un mecanismo de evasión, es decir, una manera de eludir la incomodidad, ya sea la generada por la intimidad o por el hecho de enfrentar cuestiones conflictivas. La frustración, por ejemplo, es uno de los principales motivos por los que se separan las parejas y aparece cuando los individuos perciben que sus relaciones son limitantes. A menudo, los triángulos relacionales pueden convertirse en experiencias más relevantes y de mayor importancia que la pareja en sí.

Algunas situaciones no se perciben a primera vista como relaciones triangulares, en tanto que otras son muy evidentes, como la excesiva dedicación de algunas personas al área laboral, relegando a la familia con el pretexto de que el tiempo sacrificado en el trabajo es por el bienestar de todos; es decir, para ellos es más importante el dinero y el poder que el amor a la familia y la pareja. Asimismo, dedicar más tiempo y tener

---

[15] Véase cita comentada de Guerin y Castillo en la Bibliografía.

en mayor estima la opinión de la familia de origen es otro tipo de relación triangular. Otros ejemplos son priorizar las horas de ejercicio frente a compromisos familiares importantes, o brindar más tiempo y espacio a las amistades personales que a la pareja. Conviene tomar en cuenta que la inclusión de otras personas en el seno familiar, sin acuerdo previo de ambos cónyuges, puede minar la relación y provocar conflictos en la toma de decisiones.

El primer triángulo que se presenta en la pareja ocurre con la procreación de los hijos. Primero aparece la díada (o pareja) madre-hijo; luego, durante el desarrollo del pequeño, esta puede establecerse también con el padre e irse intercambiando, por ejemplo, padre-madre, hijo-padre y madre-hijo. No obstante, es frecuente que los triángulos relacionales con los hijos se establezcan estratégicamente y se les otorguen ciertas funciones exclusivas de los padres para desvanecer la intimidad entre ellos.

Aunque hay una variedad de elementos que pueden convertirse en un obstáculo y triangular las relaciones de pareja, lo importante es identificarlos para decidir qué hacer con ellos. Unos prefieren acercarse más a su pareja, otros optan por permanecer inmóviles y otros más consideran que alejarse es la mejor solución. Es importante resaltar que las personas que no forman parte de la pareja no son el único modo de relación triangular, y las mencionadas pueden ocasionar tanto o más daño que una infidelidad, pues por lo general carecen de señalamientos y son avaladas y fomentadas socialmente.

## LA PERSONA EXTRAPAREJA O PERSONA PARALELA

Se llama *amante* a la persona con la que se tienen relaciones sexuales fuera de una relación de compromiso. Sin embargo, se utiliza el mismo término (también se le llama *free*) para aquella persona que es compañera sexual sin compromiso.

En el diccionario de la Real Academia Española (RAE), una de las acepciones de la palabra *amante* es "Persona a la que se ama, ya sea hombre o mujer". Si bien el término *amante* denota amor y afecto por una persona determinada, suele utilizarse de manera peyorativa para referirse a alguien que, comprometido, carece de valores morales y no respeta las normas familiares y culturales de la sociedad. Por tanto, cuando se emplea este término por lo general se hace con dolo y con intención de causar daño a quien se encuentra en esta situación. Por ello, y por respeto al libre albedrío de cada ser humano, en este libro evitaremos el uso de este término y denominaremos "persona extrapareja" o "persona paralela" a quienes tienen una relación sexoafectiva análoga a la relación de compromiso con una persona infiel, cuya existencia se mantiene en secreto, principalmente ante la pareja de compromiso, ya sea de tipo ocasional o por un periodo de tiempo prolongado.

La función de la persona extrapareja puede variar. Por ejemplo, cuando escucha las emociones de la persona infiel, le sirve de contención para evitar conflictos con la pareja estable. A la extrapareja que establece una relación de tolerancia y desempeña un rol de apoyo en las reacciones negativas generadas por el entorno de la persona infiel, se le denomina "pareja de contención". No obstante, si el infiel obtiene de su pareja de compromiso esta contención, tiene entonces otro objetivo para vincularse con la extrapareja. Las relaciones ocasionales, dada su corta duración, no se consideran extrapareja pues el contacto sexual suele ser fortuito y no siempre es con la misma persona.

Cada relación de pareja es un cosmos. En ellas convergen una variedad de situaciones particulares que ayudan al crecimiento personal y que, pese a sus particularidades, todas están expuestas a escenarios difíciles, uno de los cuales es la infidelidad.

## CAPÍTULO 3

# ¿Qué se oculta en la infidelidad?

*Para quienes no ansían sino ver, hay bastante luz; mas para quienes tienen opuesta disposición, siempre hay bastante oscuridad.*

Blaise Pascal

## Lo oculto, lo evidente

Hace unos años, en una reunión se nos cuestionó sobre la secrecía de la infidelidad. La pregunta se formuló más o menos en estos términos: "Si la infidelidad es un secreto, ¿cómo es que todo el mundo lo sabe?" Ciertamente se trata de mantenerla en secreto para la persona que está siendo engañada, pero con frecuencia resulta que todo el mundo se entera o lo sospecha. Puede ocurrir incluso que, aunque la pareja esté enterada de la situación de infidelidad, se siga considerando un secreto mientras no se haga en sus narices.

Hay parejas de compromiso que, a pesar de ser observadores agudos, necesitan una ratificación verbal del infiel. A veces tienen las pruebas en la mano, como una fotografía delatora, pero siguen dudando de la veracidad de los hechos (piensan, por ejemplo, que la fotografía puede ser un montaje) y exigen una doble comprobación al confrontar a su pareja. No es sino hasta que el infiel reconoce explícitamente el engaño cuando la pareja acepta, al fin, la realidad de los hechos.

En ocasiones la infidelidad, o la presunción de que existe, tiene la intención de sembrar dudas en la pareja e incluso para algunos es una forma válida de recuperar la atención del compañero. Este juego es una espada de doble filo, y lo único seguro es que generará desconfianza, inseguridad y descontrol en el otro.

Todas las personas tienen facetas de luz y sombra; en el caso de la infidelidad la sombra se da en nivel del secreto, entendido como todo aquello que la pareja refleja de nosotros mismos, debido a que ella lo manifiesta en lo superficial y nosotros en lo oscuro. Esa parte oscura del secreto nos impulsa a querer traspasar los límites que nos separan del objeto deseado. Esta excitación fomenta la creatividad, la imaginación y la sensualidad; tenemos ánimo de descubrir y alcanzar lo que hay del otro lado. Lo que hace que el secreto sea una gran motivación para los individuos es el elemento sorpresa, que incrementa el deseo, el erotismo y la fantasía tanto de la pareja de compromiso como de la extrapareja.

## LO SECRETO

Mantener una relación en secreto puede ser gratificante. Por ejemplo, quienes comparten un secreto saben que poseen cierto "poder" sobre los demás; por otro lado, guardar un secreto ayuda a muchas personas a elevar su autoestima y las hace sentirse guardianas de un "tesoro", aunque al mismo tiempo puede generarles ansiedad y miedo. También ocurre que cuando las personas hacen público un secreto sienten como si se liberaran de un yugo. Algunos individuos infieles dicen que, al ser descubiertos o al terminar su relación con la extrapareja, experimentan una redención y sienten de nuevo paz y tranquilidad.

No todas las personas pueden manejar la angustia y el deleite por la expectativa; para muchas, los altos niveles de ansiedad son insoportables, al punto de causarles afecciones de tipo psicosomático. A estos individuos se les invita siempre a liberarse, y con ello no nos referimos a la confesión como tal, sino a otras alternativas como la terapia, el ejercicio, y más. Para quienes son capaces de guardar un secreto, la ganancia se convierte en una fuerza y un dominio sobre su persona que los hace sentirse serenos. Recordemos que uno de los objetivos de no querer revelar un secreto es mantener vivo el interés en él, que las personas sigan intentando descubrirlo, lo cual les provoca, al mismo tiempo, placer. Otro aspecto importante en relación con los secretos es que no todas las personas están preparadas para descubrirlo, sea porque no poseen la madurez o porque su nivel de conciencia no es lo suficientemente amplio para saber qué hacer, cómo guardar y contener esa información; por tanto, es aconsejable no involucrarlos en la secrecía de la infidelidad.

La pareja de amantes suelen tener un lugar secreto para sus encuentros, un lugar que puede ser la puerta al cielo o al infierno. Tal espacio simboliza el sitio en el que el hombre viejo se rinde y muere, al mismo tiempo que el hombre nuevo nace y asciende. El lugar es en sí lo de menos; sin embargo, su significado resulta revelador pues es allí donde se manifiestan aspectos de la vida, de la espiritualidad y, sobre todo, de ese gran conocimiento que somos capaces de alcanzar. Precisamente en este espacio puede sentirse la iluminación, siempre y cuando la experiencia se preste para ello y la pareja se dé la oportunidad de vivirla a plenitud. Algunas personas infieles expresan que esos momentos de éxtasis vividos con sus extraparejas los hacen llegar a la cumbre y entrevén una revelación; lo cierto es que empiezan a conocerse realmente y eso los hace adquirir cierto control y poder sobre su persona.

Lo anterior podría ocurrir con la pareja estable, pero es difícil ya que otros elementos entran en juego, como la posición que ocupan en la sociedad y las ganancias que cada uno quiere obtener; el hecho de saber que la pareja ya les "pertenece" frena el deseo de querer experimentar cosas nuevas. Los amantes, por el contrario, siempre disponen de un tiempo limitado. Tienen que dar, expresar y disfrutar al máximo los breves espacios temporales. Su prioridad es gozar de las pocas horas del encuentro; sin embargo, la continuidad y repetición de estos acercamientos implicará dudas para ellos. Y es justo esa incertidumbre la que hace que la conexión entre los amantes sea más intensa y los sentimientos se desborden cuando están juntos. En contraposición, la entrega y la pasión en las parejas de compromiso decrecen gradualmente. Muchos presuponen que por el tipo de relación en que se hallan se mantendrán unidos a pesar de las circunstancias.

Esto nos recuerda la envidia que los dioses griegos sentían por los hombres, ya que debido a su condición de mortales podían disfrutar el presente. Asimismo, las parejas de compromiso sienten celos de las extraparejas al pensar o intuir que los momentos que los amantes pasan juntos son más apasionados. En nuestra cultura no es bien visto estar con una extrapareja, por lo que los infieles sienten que esto forma parte de su lado oscuro; es la sombra que los distingue y se materializa en el secreto. Este secreto se forma a partir de las vivencias entre ellos, que no pueden hacer públicas aunque a veces sean evidentes.

Lo oscuro se relaciona con lo desconocido, con lo mutable, con la noche y el yin. Aquel que se interna en lo oculto y lo secreto necesita encontrar su propia luz para orientarse; esto no significa que carezca de ella, sino que requiere un tiempo para reconocerla. Se dice que cuando cargamos con nuestra sombra y la ignoramos, o bien le tememos, pasamos la vida tratando de esquivarla, pero cuando nos enfrentamos a ella y la reconocemos, nuestra existencia se ilumina. Comprendemos que somos uno mismo con nuestra sombra y con nuestro lado oculto. Sobreviene entonces una paz interna, producto de la unión y el reconocimiento de nuestras dos partes.

Los seres humanos por lo general hacemos a un lado nuestras grandes aspiraciones y deseos por considerarlas "malas", mientras que el infiel las afronta. Para algunos la sombra es la segunda naturaleza de las cosas; para los analistas junguianos la sombra es todo aquello que el sujeto rehúsa reconocer y que lo domina, directa e indirectamente, a través de rasgos de carácter originados en su instinto o como impulsos que resiente como incompatibles con su ser.

La sombra se proyecta en sueños por medio de personas que son reflejo de nuestro inconsciente. Se materializa en impulsos, palabras incontrolables o acciones que repentinamente revelan un aspecto de nuestra psique. La sombra nos hace sensibles a ciertos individuos o influencias colectivas que muestran sus tendencias ocultas. De cualquier modo, desafiar a nuestra sombra siempre representará algo beneficioso y saludable a nivel personal.

Un ejemplo de lo anterior es cuando se desea estar con la pareja de alguien más; este sentimiento nos hace sentir envidia y nos enfrenta con nuestra parte oscura. Lo primero que debe hacerse es identificar el lado oculto, luego decidir si se quiere esconderlo o no de la pareja de compromiso. Hay que tomar en cuenta, en el supuesto de que nos veamos al descubierto, que no solo quedarán expuestas nuestras intenciones, sino también daremos oportunidad de que vean la sombra que nos identifica. Por último, es conveniente evitar que seamos exhibidos por el entorno. Por lo general, la infidelidad se disfruta a solas; el goce que se experimenta es exclusivo. Una infidelidad compartida puede llegar a generar envidia, no por lo que se hace sino por lo que se muestra. El secreto en la infidelidad se distingue como una especie de melancolía que produce cierto grado de éxtasis.

## LO OCULTO

Las parejas hacen la función de espejo de las características positivas o negativas que el individuo por sí solo no cree poseer. Por ello reflejan nuestra parte oculta.

En la infidelidad se propone siempre esta ilusión: "Juguemos con la idea de que no se sepa", que es en realidad el enfoque que sustenta el secreto, mientras que lo oculto tiene más que ver con el concepto de persona-sombra. Por ejemplo, para un sujeto que es rígido, su sombra puede incluir el ser infiel, y en caso de que este sea consciente de su poligamia, su sombra es ser fiel. Para cualquiera de los dos, como más adelante veremos, el crecimiento está en la diferencia.

## TABÚ

Cuando el hombre se establece en sociedad decide erigir restricciones y prohibiciones individuales al servicio de un bien común. El tabú, vocablo polinesio que significa "lo prohibido", es una de esas normas que por motivos religiosos o mágicos imponen límites y prohibiciones a los individuos, ya que se instituyen a partir de mandatos o leyes de alguna divinidad. Muchas veces estas normas escapan de la racionalidad y la lógica, porque se establecieron hace muchos años, pasan de generación en generación, divulgándose a través de mitos y símbolos, y de tanto repetirse forman parte de una realidad dentro del proceso de sociabilización.

Comúnmente las personas que ignoraban los tabús eran sancionadas; perdían la protección de sus dioses y además ponían en riesgo la tranquilidad de la tribu, motivo por el que a partir de ese momento sus vidas estaban signadas por el sufrimiento y la culpa.

En el tabú la prohibición tiene una respuesta infantil característica: "Dar un valor elevado a lo prohibido". Se esperaría que en el adulto esta respuesta desapareciera, pero estudios antropológicos indican que los tabús perduran a lo largo de las generaciones. Es un proceso creado y sustentado por la presión social. Los tabús y sus normativas cambian según la región; por tanto, lo que para algunas culturas es prohibitivo, para otras constituye un aspecto de su vida cotidiana. Algunos tabús privan a los individuos de ciertos placeres en los ámbitos alimenticio, sexual o del lenguaje, por lo que su incumplimiento es motivo de sanciones, señalamientos, discriminación y en ocasiones se castiga expulsándolos del grupo social. En relación con la infidelidad, se podría decir que en algunas culturas se considera un tabú, mientras que en otras forma parte de su idiosincrasia y es socialmente aceptada.

## MENTIRAS EN LA PAREJA

Según la primera acepción del DRAE, la mentira es una "expresión o manifestación contraria a lo que se sabe, se cree o se piensa". También es mentira toda acción que se utiliza con el fin de distorsionar, simular u ocultar algo, de manera parcial o total, ya que para mentir no es necesario usar palabras. La mentira es un tema amplio que abarca las diferentes facetas que constituyen al ser humano, por lo que aquí nos centraremos solo en las mentiras dentro de la pareja.

Existen muchas realidades, tantas y tan diversas como seamos capaces de imaginar. Tomemos en cuenta que la interpretación de la realidad es relativa y esto se acentúa más cuando involucramos los sentimientos, debido a que estos no son comprobables y tienden a ser volubles; es por ello que la realidad se puede contradecir a sí misma con el devenir del tiempo. En las relaciones personales es difícil detectar las mentiras, ya que a menudo son sutiles y difusas.

Recordemos que gran parte del amor romántico se fundamenta en la mentira de términos totalizantes (*siempre*, *nunca*, *todo*, *nada*, *nadie*) y en la fantasía (alcanzar el cielo, bajar una estrella); por si fuera poco, también aprendimos que "en la guerra y en el amor todo se vale", por lo que la mentira, de algún manera, está validada.

Hay mentiras revestidas de utilidad, ya sea porque arrojan una ganancia para el que las dice o porque la pareja está coludida, es decir, uno miente y al otro le acomoda creerlo, estableciendo de este modo un acuerdo en el que ambos comparten el mismo interés en no hacerlo público. En ocasiones las mentiras no solo forman parte de una relación, sino que son su esencia y su soporte.

Mentir es parte de la interacción de la sexualidad: mentir mientras se corteja, mentir para obtener o zafarse de un encuentro sexual, mentir respecto al uso de anticonceptivos, mentir en cuanto a tener una enfermedad de transmisión sexual (ETS), fingir un orgasmo o su intensidad y duración, mentir en la evaluación y el desempeño de la pareja en turno, mentir en cuanto a los gustos sexuales, mentir sobre nuestro pasado y mentirnos prediciendo el futuro, mentir respecto al número de parejas sexuales, y más. Por eso se dice que las sociedades monógamas crean mentirosos sexuales. Es un hecho que las personas no mienten en temas que para ellas son irrelevantes.

Es común vivir en el desconocimiento de lo que somos y, por tanto, establecer un mal contacto con uno mismo, con las personas y con el mundo que nos rodea.

Entonces, para cada persona la realidad se da en los momentos de "buen contacto" –es decir, el individuo toma conciencia inmediata de sus sentimientos y de su respuesta corporal frente al otro–, y son estos los que precisamente no permiten el autoengaño o mentirles a los demás. En conclusión, resulta impreciso y poco efectivo abordar el tema de la infidelidad a partir del escrutinio de la mentira; eso implica adentrarse en un laberinto sin salida, por lo que insistimos en confrontarla desde los acuerdos quebrantados.

## COLUSIÓN. RELACIONES DISFUNCIONALES

En 1993, Jürg Willi utilizó este concepto para referirse a las personas que deciden unirse y muestran un grado de disfuncionalidad a partir de la relación que mantuvieron con sus padres, por lo que al relacionarse con alguien de características diferentes se sienten atraídos. De alguna manera, ambos entran en complicidad consintiendo un pacto secreto de juego y engaño, donde cada uno tiene una idea falsa de sí mismo y el otro la fortalece proporcionándole un principio de realidad igual de falso; su arreglo es destructivo, con intentos saboteadores, por uno o ambos, para el cambio.

La colusión no se produce a partir del encuentro con la pareja; más bien, es una característica individual que cada persona trae, y que en la búsqueda de pareja se descubre en las experiencias afines de la otra persona, es decir, es un hallazgo entre sombras. Así, cuando una pareja decide estar junta, en el caso de la colusión, la unión parte de procesos personales no resueltos, esperando resolverlos una vez que se haya establecido la relación. Pero en esa espera no se percatan de que ambas partes tienen la misma expectativa y presentan el mismo grado de dificultad para responsabilizarse, pues esta es una tarea netamente personal y no de la pareja.

Muchas veces se busca evitar problemas poniendo distancia en la relación, sin darse cuenta de que es justamente el distanciamiento el que genera el mayor conflicto. Y es en este desear estar y no estar juntos donde la pareja se mantiene unida –para bien o para mal– creando conexiones de complicidad. En ocasiones la colusión también se presenta con los hijos, cuando realizan la función aparente de apoyar la validación de los padres como personas, ayudándolos a resolver lo que ellos no han podido solucionar por sí mismos.

Hay otros tipos de colusión en los que alguno de los miembros de la pareja decide relacionarse afectivamente con una extrapareja, con la idea de que así protege su relación de compromiso y lo hace en función de aquellas características que cree que su pareja tiene y de alguna forma pueden llegar a ser motivo de deterioro de la relación. Es así como consiguen recargar y proyectar su parte negativa en un tercero, con quien crean un vínculo amortiguador. Cuando la infidelidad ocurre en estas circunstancias, la pareja de compromiso tiene por lo general el conocimiento o la intuición de la existencia de la extrapareja, pero guarda silencio pues sabe que le es funcional para mantener la relación con niveles bajos de conflicto; prefiere combatir de manera encubierta a tener que confrontarla abiertamente.

En este caso, el objetivo que cumple la persona extrapareja es tan apreciado que si por algún motivo dejara de participar en la triangulación, alguno de los miembros de la pareja de compromiso se dedicaría a buscar a otra persona que asumiera el mismo rol para que sus necesidades se compensen de nuevo.

## LO EVIDENTE

Cuando una persona acepta y decide ser infiel, surgen en ella una serie de sentimientos que resultan difíciles de manejar, por lo que debe hacer un esfuerzo por ocultarlos. En este proceso, ocurre un desgaste importante por disimular el gozo, la ansiedad que nace de la expectativa, la expresión de satisfacción en el rostro, lo relajado o tenso que puede estar el cuerpo según la ocasión, el estado meditabundo que se manifiesta en algún momento, la frustración por querer estar en otro lugar, los cambios de humor y tonos de voz, el sentimiento de culpa, el miedo a ser descubierto, en fin, una serie de expresiones que, por naturaleza, el cuerpo suele desenmascarar y corroborar. Independientemente de lo que hagan, los infieles siempre piensan que sus acciones delatan a la extrapareja. Sin embargo, se ha demostrado que las mujeres son más cuidadosas en este aspecto, ya que en lo social y en lo familiar tienen mucho más que "perder".

Las personas infieles son presas de la sociedad. Cuando se sospecha de una infidelidad, la gente comienza a opinar, a hacer afirmaciones o a poner en evidencia la infidelidad de alguien sin disponer de pruebas que lo demuestren. Es común ver a las personas emitir veredictos guiadas únicamente por su intuición, pues no siempre cuentan con una constancia que lo sustente. La inquisición de los infieles es saboreada en el ámbito social, hasta el punto de atreverse a hablar y señalar duramente a todo aquel que no lleve una vida conforme a las reglas sociales, sin importar si estamos juzgando de forma implacable algo que uno mismo ha practicado.

Una manera de evidenciar la infidelidad de alguien es cuando el individuo (con el fin de quitarse del foco de atención) proyecta su propia infidelidad exponiendo y comentando la falta de lealtad de otras personas. Otros infieles optan por llevar su infidelidad de manera pública, de tal manera que su mejor defensa a la hora de ser confrontados es la misma sinceridad, evidencia y obviedad de sus actos, o bien hacer algo frente a su pareja le sirve de justificación. Estamos tan acostumbrados a no hacer cosas incorrectas ante los demás que cuando lo vemos, aunque sea innegable, tendemos a justificarlo.

## CAPÍTULO 4

# LA PERSONA INFIEL

*Hay que ser infiel, pero nunca desleal.*

GABRIEL GARCÍA MÁRQUEZ

## ANTECEDENTES

En el pasado, las uniones en pareja tenían otra estructura y se realizaban por motivos distintos de los actuales, solo por el deseo de vivir en pareja. Y la fidelidad formaba parte del acuerdo de vivir juntos.

La poligamia se aceptaba cuando el objetivo principal de las personas era poblar las comunidades. Después, el interés se centró en asegurar que el trabajo y la propiedad de los hombres pasara a manos de quienes tenían su propia sangre para perpetuar así su linaje, por lo que se consideró una transgresión tomar a más de una mujer y se establecieron preceptos que lo prohibían. De esta forma, el matrimonio empezó a cobrar relevancia porque con él se conservaban las tradiciones y se protegía el patrimonio familiar. Asimismo, aparecieron dos clases de matrimonio: el civil, establecido por las formas jurídicas, y el religioso, con base en la fe y sus creencias.

La religión judeocristiana difundió la idea de que el matrimonio debía ser una unión monogámica indisoluble, con una serie de obligaciones y derechos como la fidelidad, que prevalece hasta el día de hoy. Aunque se supone que la elección de pareja se fundamenta en la libertad de elección del ser humano, esta misma libertad puede llevar a transgredir las normas sociales. La diferenciación en el comportamiento sexual de hombres y mujeres dio paso al ejercicio de una doble moral, es decir, a los hombres se les permitían ciertos comportamientos sexoafectivos que en las mujeres eran señalados y castigados.

Así pues, el ideal de la pareja actual es la concreción de una serie de intereses a través de los diferentes momentos históricos, y en la actualidad, las principales preocupaciones de las parejas son mantener la unión, fomentar la estabilidad familiar y alejar, tanto como sea posible, el fantasma de la infidelidad.

## La fidelidad

Para saber qué es la infidelidad es necesario conocer primero qué significa ser fiel. Se dice que la fidelidad es un acto de fe, de querer creer en algo que no puede ser demostrable, y es responsabilidad de quien lo cree. La raíz de la palabra *fe* proviene del latín *fides,* que significa "confianza" o "aceptación" (de ideas teóricamente indemostrables). A diferencia de la fe en lo divino, la fe en las personas significa otorgar crédito y aceptar ciegamente la palabra de alguien, por lo que se considera que la fidelidad es un comportamiento exclusivamente humano, y quien la practica no engaña ni traiciona. Asimismo, la fidelidad se considera una virtud en algunas creencias, mientras que la infidelidad y la traición, al estar relacionadas con la fe, se consideran un perjurio que puede provocar el deseo de venganza y debe castigarse según las leyes de cada sociedad.

En *El arte de amar* Erich Fromm señala que "tener fe en otra persona significa estar seguro de la confianza e inmutabilidad de sus actitudes fundamentales, de la esencia de su personalidad, de su amor. No quiere decir que esta no pueda modificar sus opiniones sino que sus motivaciones básicas son siempre las mismas". Sin embargo, para tener confianza en otra persona, primero debe tenerse fe en sí mismo y conocer la propia esencia o núcleo, para después conocer la naturaleza del otro y tener fe en él. Si no se logra ver el núcleo del otro y solo se ven los atributos superficiales, es probable que en algún momento nos sintamos decepcionados y traicionados.

Cuando se ama a otra persona, la voluntad acepta el riesgo de amarla por lo que es y no por lo que se quiere que sea; de esta forma es posible entablar un compromiso de fidelidad, es decir, si se ha apreciado todo su ser y se ha intimado con esa persona, será viable confiar en ella. En cambio, si la intimidad solo es aparente, es de estilo discursivo y se usa con fines personales, difícilmente puede apreciarse la esencia del otro, por lo que tener fe en él significa una acción de poder, control y chantaje; una manera de hacer sentir que el otro está en deuda y culparlo de no poder cumplir las expectativas depositadas en él. No obstante, si se deposita la confianza en lo más profundo de la existencia de una persona y no en sus acciones, se puede conseguir un resultado positivo y diferente. Por tanto, como la fidelidad es un acto de fe, es entendible que la infidelidad sexual, que es la única que puede ser evidente, lastime más que la emocional, que tiende a no externarse y solo es conocida por quien la lleva a cabo.

## Definiciones de la persona infiel

Tomando como referencia la definición de fidelidad, puede decirse que una persona infiel es aquella que no profesa la fe considerada como verdadera. Para el derecho canónico, la persona infiel es la que no está bautizada, la que no tiene fe y no es religiosa, pero para el derecho civil, la persona infiel es aquella que engaña a los demás para conseguir algo. En cualquier acepción se alude a la traición, es decir, a una falta o un agravio a la confianza que se ha depositado en alguien y que produce daño, aunque el motivo parezca inofensivo. Por tanto, una persona infiel es aquella capaz de traicionar la fe que se ha depositado en ella.

Con base en nuestra experiencia hemos conjuntado algunas características que ayudan a comprender mejor lo que significa la infidelidad. Se trata de las siguientes:

» La persona infiel es aquella que, teniendo una relación exclusiva de compromiso con otra, opta por tener un encuentro paralelo sexual o emocional, ya sea efímero o permanente, que habitualmente vive en secreto.

» La persona infiel es aquella que no respeta la exclusividad corporal y afectiva que tiene con su pareja.

» La persona infiel es aquella que siente que ha faltado a su "palabra" o "promesa" de un acuerdo explícito o implícito de exclusividad sexual o emocional con su pareja, sin importar cuál es su situación social y legal.

» La persona infiel es aquella que siente que no cumplió con la expectativa de exclusividad emocional o sexual que se depositó en ella, y con la que estuvo de acuerdo ya sea implícita o explícitamente.

» La persona infiel es aquella que no ha terminado una relación exclusiva y empieza otra con la expectativa de quedarse con las dos o con la que más le funcione ocultando a una pareja o a ambas la existencia de la otra persona. Durante este tiempo compartido con ambas parejas puede haber relaciones sexuales o no.

En suma, cuando la persona infiel fractura la confianza que su pareja le ha otorgado, sobrevienen el sufrimiento y la desilusión al no cumplir las expectativas depositadas en ella. La confianza se concede de manera personal y la pareja no necesariamente tiene que estar de acuerdo con esto, ya sea de forma tácita o verbal. En ocasiones el tema de la fidelidad puede plantearse en una conversación sin llegar a acuerdos, sobre todo al inicio de la relación donde la confianza se fundamenta en el amor de ese momento y se asume que permanecerá intacto a lo largo del tiempo. Así, al formar una pareja se cree que la fidelidad es una condición inherente de la relación y que durará eternamente; sin embargo, suponer que alguien es incapaz de faltar a esta expectativa significa atribuirle virtudes que difícilmente podrá cumplir.

## CAPÍTULO 5

# GENERALIDADES DE LA INFIDELIDAD

*Ven a dormir conmigo esta noche.*

*No haremos el amor; él nos hará.*

JULIO CORTÁZAR

En el pasado, las parejas se unían para formar una familia, y la infidelidad era un asunto que se trataba siempre con la mayor discreción, siempre se discutía a puerta cerrada. La diversidad y la tolerancia que hoy prevalecen han modificado el concepto de familia y de pareja, y muchas personas están convencidas de que este cambio es responsable, en cierta medida, del incremento en los casos de infidelidad. Sin embargo, no es el concepto de familia, ni el poco valor que supuestamente se le da, lo que hace que una persona tome la decisión de ser infiel.

Las cifras parecen alarmantes y genera curiosidad saber si los hombres son más infieles que las mujeres; sin embargo, consideremos que los números solo sirven de referente, y los datos incluidos en este libro tienen por objeto diferenciar a los individuos y promover el autoconocimiento; no buscan de ninguna manera señalar ni justificar el comportamiento de las personas que incurren en la infidelidad.

En el desarrollo histórico de cada cultura puede observarse que la infidelidad forma parte inherente de ellas, y cada una le ha dado un significado distinto. En la mayoría de las sociedades se ha tomado como un comportamiento reprobable pero, tal como ocurre en nuestro país, existe y se practica de manera velada. En otras sociedades, tener más de una pareja se asocia con estatus, poder y conocimiento, por lo que no se considera infidelidad ni engaño, pues muchas veces ocurre como un acuerdo entre los miembros de la pareja. Así, la aceptación o la censura de la infidelidad dependen de la época, la cultura, el propósito del acto infiel, el área de desenvolvimiento social de la persona que lo ejerce, con quién se practica o dónde se realiza. La multiplicidad de parejas es una práctica generalizada, lo importante es que cada persona lo procese bajo su propio esquema de vida.

## CONDENA Y DEVALUACIÓN SOCIAL Y RELIGIOSA

En general, la apertura de las religiones respecto a la infidelidad está condicionada por factores ajenos a las normas morales, como el aumento de población o las condiciones socioeconómicas; sin embargo, por su propia naturaleza, las religiones dictan preceptos para guiar la conducta de los seres humanos. Aunque la fidelidad es uno de los grandes preceptos de la religión judeocristiana, la postura de esta en relación con la infidelidad no siempre ha sido la misma a lo largo de la historia, ya que depende del contexto histórico, político-social o económico. El Islam, por su parte, no considera que los hombres sean infieles por tener más de una mujer; es más, lo permite siempre y cuando el varón tenga la capacidad económica suficiente para mantenerlas. Así, podría suponerse que las sociedades con religión monoteísta (amar a un solo Dios) deben ser monógamas, es decir, que formen pareja con una sola persona para que exista congruencia entre las creencias espirituales y las vivencias carnales, además de un solo modelo de amor. No obstante, siempre han existido sociedades monoteístas que son polígamas.

Por otro lado, debe considerarse que la religión permea las costumbres sociales y los preceptos religiosos se sociabilizan, es decir, se ejercen y se difunden de acuerdo con una serie de reglas que se suman a los valores individuales, y aunque hay personas que no practican religión alguna, la convivencia con los demás hace que los valores morales se vean influidos por los de la mayoría. Asimismo, al formar parte de una sociedad no podemos actuar o tomar decisiones unilaterales. De acuerdo con el investigador Herrera Gómez, la función del Yo es mediar entre nuestros impulsos y los colectivos. Cuando el Yo se apropia del impulso y lo concilia con el colectivo, se asume la responsabilidad y se convierte en un acto creativo como experiencia de crecimiento.

En el matrimonio civil, la infidelidad no se considera un delito, pero sí es causal de separación legal en algunos estados; en la ciudad de México no se considera ni una cosa ni otra. No obstante, cuando hay hijos, la sanción puede ser perder la custodia de los menores. En el caso de infidelidad femenina, la "virtud" y el "valor" de la mujer suelen cuestionarse, al grado de que puede perder todos los derechos sobre sus hijos por no considerarla "un buen ejemplo".

## PARTE DE LA VIDA COTIDIANA

Podemos afirmar que todas las personas saben lo que significa la infidelidad, ya sea porque un familiar, amigo o conocido ha tenido una experiencia de este tipo o simplemente porque es un tema recurrente en programas de televisión, películas, literatura, y otros. Sin importar cuál sea la razón, nuestras vidas están relacionadas con este comportamiento por el simple hecho de estar inmersos en una sociedad donde se practica.

Si desde temprana edad no tenemos conocimiento personal de la infidelidad, es probable que comencemos a experimentar los tres lados del triángulo a partir de nuestras primeras relaciones de pareja, ya sea como la pareja de compromiso, la persona infiel o la extrapareja; incluso se puede saltar de un papel a otro al intentar establecer vínculos afectivos con otras personas tanto en lo emocional como en lo físico, con el propósito de tener la exclusividad de la persona que nos importa.

A menudo se juzga a las personas adultas que van de una relación a otra o que mantienen varias relaciones al mismo tiempo. Sin embargo, no existe una edad específica para este proceso, pues experimentar los distintos papeles del triángulo es de vital importancia para saber qué es lo que se quiere y formar un criterio propio sobre la infidelidad.

Por otro lado, existe una doble moral respecto a la infidelidad. Generalmente, las etiquetas sociales se aplican para los demás, pero no se utilizan de la misma forma para uno mismo. La moral se torna más rígida cuando tiene que ver con otros, por lo que las conductas que no se consideran apropiadas son señaladas y condenadas socialmente. Por el contrario, cuando uno es quien comete la falta, las opiniones propias se vuelven laxas, flexibles y se buscan justificaciones para los mismos actos. De tal forma, el fenómeno de la infidelidad es un hecho cotidiano que nos afecta o nos da de qué hablar, por lo que se vuelve un suceso imposible de ignorar.

## LA INFIDELIDAD OCURRE CUANDO HAY PROBLEMAS DE PAREJA... Y TAMBIÉN CUANDO NO LOS HAY

Usualmente, se cree que la infidelidad se presenta porque la pareja tiene problemas, pero son muchos los casos en que surge en un momento de entendimiento entre sus miembros, y estos llegan a terapia sumamente desconcertados y con sentimiento de culpa porque no encuentran un motivo "real" que justifique este comportamiento, como diferencias sustanciales, falta de deseo o emociones por las que pudieran percibirlos como inadecuados; más bien, están convencidos de que su pareja de compromiso es una buena elección y quieren conservarla. Por tanto, la infidelidad es una decisión personal que en ocasiones no tiene nada que ver con la pareja de compromiso.

## JUICIO SOCIAL: ¿ENVIDIA O MORALIDAD?

Los seres humanos sentimos envidia cuando alguien posee algo que verdaderamente ambicionamos y no podemos obtener. En la mitología griega, por ejemplo, los dioses abrigaban este sentimiento ante la mortalidad del ser humano, pues ellos estaban destinados a una vida eterna y no conocerían jamás la muerte.

Se considera que la envidia se manifiesta desde la parte infantil del individuo por la inexperiencia e inmadurez emocional, lo que impide estar en las circunstancias de quienes han alcanzado los logros deseados. Asimismo, a menudo la envidia viene acompañada de sentimientos de ser víctima de injusticia y desigualdad, pues parecería que lo más lógico es que todos tuvieran la oportunidad de acceder a lo mismo.[16]

Los juicios y las opiniones en torno a la infidelidad se hacen muchas veces desde el mirador de la envidia, ya que se desea tener el privilegio o la oportunidad de ser infiel.

---

[16] Véase cita comentada de Walton Stuart en la Bibliografía.

Por otro lado, el enojo que surge de no poder alcanzar lo que se codicia provoca que se hable de los demás desde la inconsciencia, sin medir el alcance de las palabras, lastimando a los involucrados y a quienes los rodean. Tal como sucedía en la mitología griega, donde los dioses mandaban a las arpías –que tenían la facultad de volar, devorar y transformar en excremento todo lo que encontraban a su paso– a castigar a todo aquel que no les fuera fiel, así quienes hablan mal y juzgan a la persona infiel recrean la misma historia.

## El "malo" de la película

Las actividades que desarrollamos en la vida permiten que las demás personas se formen una opinión sobre nosotros y se nos otorgue un lugar frente a nuestros familiares y amigos. Si nuestras acciones van de acuerdo con el marco social, las opiniones serán positivas y podremos gozar de éxito, pero si se consideran negativas, perderemos todos los atributos, desaparecerán todos los logros en un instante y nos convertiremos en personas de poco valor y credibilidad. Tal es el caso de la infidelidad.

Esta percepción varía según la cantidad de cualidades positivas que se ostenten, es decir, la decepción es directamente proporcional al grado de "buena persona" que se sea. En la mayoría de los casos, la persona infiel anula toda una vida de esfuerzos y logros que suelen borrarse de la memoria de quienes lo rodean, pues hay que recordar que para algunos seres humanos la esencia del valor y el orgullo se centra en la fidelidad.

## Atenuantes

### Historial de antiguas infidelidades

Para la mayoría de las personas es más fácil transgredir un acuerdo o norma si saben que otro lo ha hecho y si ese otro pertenece a su grupo familiar o social, resulta más cómodo aún. En relación con la infidelidad, esta forma de pensar tiende a incrementarse cuando se sabe que la pareja actual fue infiel con una pareja anterior o se dio comienzo a una relación sin haber finalizado la anterior, pues se supone que la pareja podría repetir este comportamiento en cualquier momento. Con este argumento, muchas personas utilizan esta información para escudarse y evitar responsabilizarse de sus acciones. Sin afán de decir si la infidelidad debe o no llevarse a cabo, es lamentable que las conductas propias se racionalicen o justifiquen a partir de las de los demás.

No obstante, conocer los antecedentes de infidelidad de la pareja sirve a veces para mantenerse alerta, tomar las medidas pertinentes, o bien, es un punto a favor de la relación al formar pareja con alguien que podría comprender una infidelidad (pasada, presente o futura), debido a que ya lo experimentó con anterioridad.

## Recurrir a sexoservidores no es infidelidad

Es frecuente encontrar hombres y mujeres que consideran que recurrir a sexoservidores estando en una relación de compromiso no es infidelidad, o por lo menos piensan que no es una falta grave por lo que es más fácil pasarla por alto y perdonar. Nuestra cultura nos ha hecho creer que hay ciertas "necesidades físicas del hombre" que no se deben practicar con la pareja, pues existe un "tipo de mujer" con la que se puede practicar actos sexuales heterodoxos. Se cree también que un hombre tiene menos peligro de involucrarse emocionalmente con una sexoservidora que con cualquier otra mujer, por lo que muchas mujeres aceptan este tipo de contacto ante el temor de ser abandonadas o cambiadas por alguien más. Además, hay mujeres que no consideran placentero ni primordial tener relaciones sexuales con su pareja, por lo que prefieren fomentar que recurra a relaciones como estas. Por tanto, se cree que la práctica, ya sea esporádica o frecuente, no atenta contra la pareja y la integración familiar.

## NUEVAS TECNOLOGÍAS, NUEVAS TÉCNICAS DE INFIDELIDAD

La tecnología ha abierto una puerta para comunicarnos con diferentes personas alrededor del mundo desde la comodidad de nuestro hogar o lugar preferido. Habitualmente, conocer a otras personas por medio de la red brinda la posibilidad de involucrarse de forma sentimental o con sexo cibernético con la confianza y seguridad del anonimato y de contribuir a la salud sexual. Asimismo, desde la perspectiva psicológica, este fenómeno resulta interesante porque permanecer encubierto da el valor para atreverse a decir o hacer cosas que no haríamos estando de frente, evitando la intimidad.

A través de la Red se conocen o reencuentran muchas personas que tienen parejas de compromiso, pero que deciden entablar relaciones con otras por estos medios. Para aquellos con un historial de infidelidad, la computadora y los celulares son muy convenientes ya que les dan la posibilidad de no perder el contacto diario con la extrapareja, y encuentran formas de expresarse y tiempos más cómodos que en otras épocas eran impensables. Del mismo modo, la emoción que causa enviar un mensaje sugestivo y la fantasía que produce la expectativa son experiencias placenteras. No obstante, aunque la tecnología ofrece muchas posibilidades, no es indetectable para las parejas y si antes se revisaban carteras, bolsas, cajones y camisas, ahora se inspeccionan los chips, mails y celulares de manera obsesiva, y casi siempre con el afán de controlar a la pareja.

## CAPÍTULO 6

# Motivaciones de la persona infiel

*El movimiento veloz que agita el mundo no se oye sino
andando.*

Félecité De Lamennais

Existen tantos motivos, causas y razones para ser infiel como personas hay en el mundo, y si vamos a dar una opinión acerca de los infieles, es preciso considerar a cada persona como un individuo. Aquí mostraremos los motivos que encontramos a lo largo de la investigación que realizamos, sin pretender afirmar que son los únicos —ni mucho menos—, ni demeritar a los que no se mencionaron.

Ser o querer ser infiel es una opción, decisión y responsabilidad personal. Sin importar los motivos que se tenga, nada ni nadie —menos aun una situación determinada—, obliga u orilla a hacer algo que no se quiera o desee. Las razones pueden ser variadas: desde las dictadas por el razonamiento consciente, hasta las que poseen significados más profundos. Para algunos, el motivo puede ser común o trivial; para otros, puede tener gran importancia y trascendencia e incluso brindarles reflexión y enriquecimiento.

Para ciertas personas infieles estos motivos pueden ser "reales" y de peso, pero también los hay superficiales o tan ocultos que ni los mismos infieles se dan cuenta de las verdaderas causas de su actitud. En ocasiones lo descubren, pero otras, no. Cada persona infiel tiene su combinación única y personal; así como una huella digital, cada uno de nosotros ostenta la suya, que es la que nos distingue y nos hace únicos e irrepetibles.

A continuación presentamos los motivos localizados y los analizamos en forma breve.

## Principales motivos del infiel

### Motivo 1: Imposibilidad para intimar, emocional o sexualmente, con la pareja

Entendemos por *intimidad* la capacidad para mostrarse tal cual es, sin careta ni disfraz, sino con los miedos y las potencialidades que cada uno posee; para aceptar y recibir del otro lo que puede dar y, desde ahí, tener la facultad de honrar el dar y recibir amor.

Atrevernos a transformar las relaciones de miedo por relaciones de amor y lograr apasionarnos con los cinco sentidos del ser humano que es nuestra pareja, es entrar de frente a la intimidad. Para afirmar que somos capaces de intimar, primero hemos de aprender a relacionarnos con nosotros mismos.

La intimidad no implica estar cerca el uno del otro, amándose todo el tiempo; es la capacidad de tocar al otro con una mirada o con un gesto en lo más profundo, y dejarnos tocar también. La intimidad es enseñar nuestra esencia y ser capaces de retirarnos y diferenciarnos después de un encuentro. Muchas parejas creen que hacer y contarse todo es sinónimo de intimidad, y por el contrario, significa un ir y venir de la diferencia a la fusión y de la fusión a la diferencia.

A medida que el ser humano se va conociendo siente desconfianza de mostrarse tal cual es. Uno de sus miedos principales es el rechazo o abandono; por esta razón, en ocasiones establecemos relaciones de pareja "poniéndonos máscaras", basándonos en lo que creemos que es más funcional para que la infidelidad nunca suceda. Así, de pronto, aparece alguien en nuestra vida que sentimos que nos entiende, con quien podemos mostrarnos como somos o que no nos impide revelar nuestra verdadera esencia porque creemos que este contacto será pasajero; entonces, entablamos una relación pensando que, si nos dejan, no importaría pues, al final de cuentas, no se le ha otorgado un significado de compromiso.

Con el paso del tiempo, tal vez nos demos cuenta de que esa parte de "mostrarnos" como somos nos gusta, nos sienta, nos ayuda a identificar y nombrar los miedos, y a la vez contribuye a relacionarnos mejor. También se puede querer y ser querido siendo sinceros. Al asimilarlo de esta forma, damos el significado real a esta experiencia y podemos definir que el acto de infidelidad ha contribuido a enseñarnos el camino de la aceptación: "así *como soy* me siento bien conmigo y con los demás".

Ahora bien, si este criterio lo aplicamos a otras personas de nuestro entorno y lo manifestamos con nuestra pareja de compromiso, puede proporcionarnos un conocimiento individual muy potente, con el que podremos intimar y entablar relaciones sin necesidad de recurrir a las máscaras.

Pero si se es infiel porque no se puede intimar con la pareja, y lo mismo sucede con un tercero, es probable que la experiencia nada aporte al autoconocimiento, y más bien sea inadecuada, deje un mal sabor de boca o una sensación de fracaso, lo que nos lleva a aludir el clásico dicho "Es el mismo infierno con diferente diablo". En la medida en que busquemos extraparejas apoyados en la máscara, seguramente nos relacionaremos con variedad, pero sin establecer cambios profundos en nuestra persona, ni modificar conductas que nos lleven por la vía del crecimiento.

En la práctica terapéutica hemos encontrado que en ambos casos los individuos no se dan cuenta por sí solos de estos dos aspectos diferenciadores. En el caso del crecimiento, muchas veces atribuyen sus logros a una cualidad de su extrapareja y no la ven como parte de un aprendizaje personal, es decir, disfrutan ese placer que les hace decir: "Me siento… feliz y vivo", sin saber bien qué lo genera y por qué se da o se llega a esto. Ante esa situación, si la relación con la extrapareja tuviera todos los atributos de valor y terminara por algún motivo, es muy posible que se experimente depresión por la ruptura y, tras un periodo de duelo, se obvie y se deje de extender el conocimiento a otros ámbitos de la vida; sin embargo, es probable que se reincida en la infidelidad. En el ámbito sexual, la historia es diferente para hombres y mujeres. La mayoría de las veces ellas crecen con tabús sexuales y pensando que todo lo que les proporciona placer sexual es malo.

Con estas creencias y paradigmas, la experiencia sexual de la mujer suele ser condicionada, incluso hoy en día. Normalmente de ellas se espera inocencia y falta de conocimiento en esta materia. Que la mujer exprese sus fantasías es motivo de cuestionamientos y polémicas: "¿de dónde saca eso?, ¿será una mujer decente?, ¿quién se lo enseñó?, ¿de quién lo aprendió porque tiene mucha experiencia?", y más. ¿Cómo puede una mujer intimar sexualmente y dejar su sexualidad en manos de terceras personas, de hombres que "supuestamente son expertos en este arte", si por los cánones sociales se espera de ella que su cuerpo y su erotismo sean desconocidos? Gran parte de los conflictos que surgen en las parejas ocurre por no saber manejar y afrontar con responsabilidad el tema de la sexualidad femenina.

Algunos hombres todavía piensan que la sexualidad se aprende desde afuera. No han asimilado que quien más sabe de su cuerpo es uno mismo y que esto se potencia en presencia del otro, pero que la capacidad de autoexploración y el contacto con los sentimientos, con su interior, es lo que da el verdadero significado de conocimiento.

En este panorama, no es extraño que las mujeres se vean limitadas y no se sientan capaces de ejercer libremente su sexualidad con su pareja de compromiso por miedo a ser juzgadas y cuestionadas. Hoy todavía muchos hombres piensan que una mujer decente es la señora de su casa, y otra es la mujer de la alcoba. Esto es justo lo que sustenta la creencia de que un buen desempeño sexual está directamente relacionado con la experiencia sexual adquirida con otros hombres. Los mitos y la escasa educación sexual impiden el acercamiento y crecimiento sexual de las parejas de compromiso por el rango que hay entre los límites que se imponen a sí mismas.

Cuando alguien insatisfecho con su desempeño sexual o el de su pareja encuentra una extrapareja con la capacidad de ejercer el sexo deseado y sin cuestionamientos, la sexualidad encuentra un terreno fértil para desarrollar sus potencialidades. De alguna manera creen que por el tipo de relación "ilícita", se puede practicar una extensa gama de fantasías y prácticas sexuales, lo cual es muy liberador y atractivo para muchas personas.

Un sexo en el que se puede dar y pedir sin cuestionamientos, sin cargar con antiguos patrones de enseñanza, solo con las limitantes que los participantes se impongan en el momento, sin duda es un sexo en términos basados en la madurez con acuerdos establecidos.

Como terapeutas y sexólogas, cuando escuchamos este tipo de relatos, notamos que la información que nos comparten las personas infieles al ser valoradas revela su capacidad sexual y nos dice lo que pueden atreverse a hacer al no estar condicionadas. En el ámbito sexual, quien es infiel puede ampliar el potencial de su sexualidad e identificar con claridad las sensaciones en su cuerpo. Y, como sabemos, el cuerpo guarda memoria de lo que siente.

## Motivo 2: Falta de comunicación honesta con la pareja

"Es que no nos podemos comunicar". Esta frase parece una de las más utilizadas cuando se trata de quejarse, excusarse o poner un motivo al mal funcionamiento de la pareja. La mayoría de las personas la han pronunciado o, en su defecto, la han escuchado al hablar de un problema de relaciones.

Durante las sesiones terapéuticas, cuando se toca el tema de pareja, uno de los aspectos más mencionados es la falta de comunicación: "él no me escucha", "no nos entendemos", "hablamos idiomas diferentes", "no nos ponemos de acuerdo", "no puedo expresar lo que pienso con mi pareja, es mucho más fácil hablarlo con otras personas", entre otros. Pero, ¿en realidad sabemos qué encierran estas frases? ¿Qué es lo que se está deseando? El ser humano constantemente está comunicando algo, ya sea de manera verbal o no verbal.

Esta focalización del problema en la comunicación de la pareja generaliza aspectos que, en muchos casos, poco tienen que ver con esta, por lo que tendríamos que aprender a ser más específicos, claros y sinceros con uno mismo para entender y transmitir lo que deseamos o nos molesta. Asimismo, hay momentos en que queremos, y exigimos, una comunicación honesta, pero cuando la recibimos no estamos preparados para ella y la interpretamos como una forma de ataque. En otras ocasiones, confundimos comunicación honesta con control. Se nos informa y se nos permite indagar sobre lo que hace, piensa y dice nuestra pareja, quien, a su vez, actúa como un libro abierto, contándonos detalles de su pasado, presente y futuro, su vida, familia, vínculos afectivos y actividades diarias, llegando a saturarnos con información. Puede suceder también que esta información honesta se utilice de manera incorrecta en el momento de un desacuerdo y, como un arma en contra, se nos revierta.

Achacamos nuestros miedos al otro y, más que construir un terreno fértil para que comunique sus sentimientos y pensamientos, iniciamos una batalla para que la pareja se repliegue.

No todas las personas tienen el mismo grado de necesidad de expresión oral. Suele creerse que las mujeres tienden a ser más comunicativas, pero eso no es cuestión de género. Para algunas personas, lo que importa no es el cúmulo de información, sino la efectividad del mensaje transmitido (es decir, su claridad y brevedad). Cuando esto sucede nos sentimos satisfechos.

Otro gran problema comunicacional en las parejas es la falta de sincronización del lenguaje verbal con el no verbal (las palabras dicen una cosa y el cuerpo expresa otra). Desde esta perspectiva, quien vive una relación de extrapareja informa que a veces la tiene para satisfacer su necesidad de sentirse escuchado de manera empática y con mucho menos juicios que con su pareja estable. Manifiesta que con una extrapareja –fija o de ocasión– tiene el espacio para comunicar cualquier cosa o, simplemente, para estar a gusto y en silencio, sin experimentar la presión de hacer o decir algo que no desea. Se está cómodo porque no se trata de rendir un informe de cuentas, se siente menos presionado, o bien, aprecia el ser escuchado.

El infiel puede optar por hacer que la comunicación con la extrapareja brinde la oportunidad de silenciarse y estar en calma, relajar la presión y compensar la falta de comunicación que siente con su pareja, expresar sus verdaderas necesidades o aprender una forma más sana de transmitir sus sentimientos; esto entendiendo que esa posibilidad es parte de un aprendizaje y no depende solo de los atributos de la extrapareja. El conocimiento podría ser constructivo únicamente si toma en cuenta que todo lo que se hace para tener una comunicación más agradable y menos prejuiciosa, puede trasladarlo a otros ámbitos y personas de su vida.

Como individuos tendríamos que plantearnos ¿cómo nos comunicamos y cuál es la verdadera intención que tenemos con el otro?, independientemente de la situación de pareja que vivamos. Si es para interactuar y lograr un crecimiento, para comunicarnos con el fin de satisfacer algunas de nuestras necesidades y/o miedos o, simplemente, para controlar.

En ocasiones, y sin saberlo, la extrapareja hace las veces de un buen interlocutor y de un consejero desinteresado, ya que él o ella, por lo general, no interactúa con el mundo real del infiel, lo que facilita que se explaye sin sentirse amenazado. Los conflictos de comunicación dependen, en gran medida, de la inhabilidad para manejar los sentimientos, negativos o positivos, que manifiesten nuestras parejas, sin que nos hagan sentir que somos atacados. Oír cosas negativas no es agradable, y cuando ocurre, automáticamente nos ponemos a la defensiva y nos "colgamos" los sentimientos del otro, perdiendo todo punto de vista real. Algunas veces, es desagradable escuchar los parabienes de la pareja, sin evitar la envidia que nos produce el crecimiento económico, laboral o relacional que pudiera tener en tanto que nosotros no podemos obtener esos logros.

A pesar de que el tema de la comunicación es muy importante, a veces se sobrevalora su importancia y se utiliza como excusa para velar el problema, es decir, oculta otro motivo más "real" y más doloroso que asumir, enfrentar y expresar. Además, como veremos más adelante, hablar de una mala comunicación dentro de la pareja es socialmente aceptado.

## Motivo 3: Falta de solución de problemas creativa o asertiva

A veces, en la pareja, adoptamos una actitud inflexible e inamovible, asumimos nuestro rol y cuando enfrentamos algún problema, es usual que lo abordemos desde esa perspectiva, sin querer cambiar el papel que nos hemos adjudicado dentro de la relación. Desde esta postura, es común que los problemas se viertan en un campo de batalla, en donde se establecen categorías de combate que dan como resultado a un ganador y a un perdedor.

A lo largo del tiempo este ganar y perder va desgastando la relación y resta a la pareja la posibilidad de tener mayor creatividad y asertividad para la resolución de los conflictos; al mismo tiempo, hace que el individuo, en cualquiera de estas dos posiciones, deje de crecer, se sienta estancado y muchas veces preso de su rol en la pareja.

Cuando uno de los dos siempre cede, se siente nulificado, poco visto y no tomado en cuenta. Cuando uno siempre gana, se disminuye el interés en el "juego" y se siente que la otra persona se recarga sobre él y pesa. Esto puede tomar tal nivel que, en ocasiones, las relaciones de las parejas se establecen como madre/hijo o padre/hija, o bien, los roles se estrechan tanto que para los dos es predecible el camino que se toma, lo que le resta interés y desarrollo a cada uno. Una situación así es clave para que algunos infieles vean en la infidelidad una posibilidad de cambiar su rol, pues esto les proporciona apertura y movilidad, y genera en ellos un sentimiento diferente, que los llena de creatividad y energía.

El espacio que se encuentra con la extrapareja les da la oportunidad para desarrollar habilidades personales (sensación de libertad, autenticidad, y otras), que parecen imposibles con la pareja de compromiso.

## Motivo 4: Desilusión por expectativas no satisfechas

*Y por cierto… no era un príncipe azul*
*ni una bella dama.*

Cuando nos enamoramos, todos ponemos en el "otro" características que a veces no tiene, y si las tiene, tendemos a disminuir y minimizar eso que llamamos "defectos" o diferencias, y las magnificamos enfocándonos en las "cualidades". Posteriormente, si pasa el enamoramiento y no tenemos atributos que destacar, nos sentimos artistas y pretendemos transformar la materia prima obviando su verdadera esencia. Como si fueran figuras de barro, creemos poder moldear al otro a nuestro antojo, pero olvidamos que el barro también tiene cualidades propias.

Los vestimos y adornamos como si fueran muñecos o árboles de Navidad pero, ¿qué pasa cuando acaba la época decembrina?, o ¿cuando el barro no tiene la consistencia que deseamos? Empezamos a ver a nuestra pareja como es en realidad, no como quiere ser vista, ya que es común no mostrar con nuestra pareja cómo somos porque pensamos que eso es lo que nos conviene.

Así se llega a la etapa de la "gran desilusión", la que, como bola de nieve, crece y crece hasta alcanzar una pendiente para luego caer arrasando todo lo que está a su paso. En este punto nos gustaría citar una frase de la canción "Sería fantástico", de Joan Manuel Serrat:

*Sería fantástico que coincidiésemos,*
*te dejaras convencer*
*y*
*fueses*
*tal como yo te imaginé.*

Sin embargo, la vida no es fantasía, es una realidad, y como tal, el sapo siempre será sapo y la persona "es como es" y no como queremos que sea; la persona jamás se convertirá en príncipe azul.

Un sinnúmero de infieles han reportado que su pareja no cumple con las expectativas de vida o de persona que imaginaron cuando se comprometieron; que todo cuanto expresaron de lo que querían de su vida y su relación dista mucho de la realidad, y esto los hace sentirse muy insatisfechos.

La desilusión por pensar que sufrieron un engaño es tan grande, que no se dan cuenta de su propia responsabilidad al colgarle a la pareja atributos y cualidades que no eran reales.

A veces es más fácil encontrar una nueva persona con quien pueda crearse expectativas que no se han cumplido, a tener que lidiar con esta dura verdad.

## Motivo 5: Incapacidad para solucionar las diferencias entre expectativas y realidad

*"Ya me di cuenta de que no es el príncipe azul."*
*"Mi princesa se convirtió en madrastra."*

Como vemos, en ambos casos, los polvos mágicos del mago Merlín no funcionaron, y el sapo siguió siendo sapo y la princesa se convirtió en Fiona.

¿Qué hacemos cuando lo que creíamos querer y la realidad que vivimos se torna diferente?

Por lo general pasamos días, semanas, años y décadas lamentándonos por nuestras decisiones al elegir pareja. Creemos que tenemos pocas herramientas personales cuando se trata de empatar la fantasía con la realidad y nos afanamos en sentirnos culpables y/o víctimas, al darnos latigazos o cargar "cruces" con la intención de aliviar la sensación de engaño o de autoengaño.

Por una parte, la persona infiel suele dar una connotación externa a las circunstancias que la llevan a experimentar y supone que sus expectativas de pareja dependen solo de los atributos que omitió del otro. Por ese motivo, opta por buscar una pareja paralela con la intención de hallar en esta todo lo que es importante y que no encontró con su pareja de compromiso; de esa manera da una solución aparente a su conflicto.

Esto puede ser muy negativo si nos quedamos con la idea infantil de que en el mundo existe una persona exacta para nosotros y perfecta para nuestras necesidades, una media naranja que nos complemente y nos haga felices. Así comienza el peregrinaje, ese ir y venir buscando y cambiando de parejas con base en el esquema de sentirnos incompletos.

Por otra parte, esta experiencia puede ser positiva si el infiel se da cuenta de que para sentirse completo no depende de su pareja o extrapareja, sino, más bien, del simple hecho de aceptar ser él mismo con quien sea es un trabajo personal. Esto solo pasa cuando comprendemos que el otro es como es y no podemos cambiarlo.

Ver nuestras expectativas incumplidas causa tal dolor, que podemos caer en situaciones extremas, como querer controlar las variables, los movimientos y las respuestas del otro, o quizá vivir con la necesidad y la esperanza de encontrar a alguien que cumpla con los requisitos que requerimos para sentirnos completos.

Le endosamos tal responsabilidad a ese príncipe azul o a esa bella durmiente que viven en nuestra imaginación, y que consiguen situarnos en un futuro incierto, y postergamos la posibilidad de experimentar la felicidad en el presente.

Asumir la vida, esperanzados de que alguien externo cumpla con nuestros sueños, causa doble frustración. Por un lado, desilusión al no alcanzar la meta deseada, y por el otro, sentir que se nos fue la vida en esa eterna búsqueda de la "persona ideal".

Comúnmente, el infiel que se asocia con esta situación siente el impulso de hacer algo que lo reafirme en tiempo presente y que lo acerque, lo más que pueda, a lo que conforman sus sueños. En otras palabras, al no poder lidiar con sus expectativas y con la realidad que vive con su pareja actual, piensa que se ha equivocado y para conseguir rectificar el error, debe colocar esos ideales en otra relación que sí llene sus expectativas y necesidades. Lo cierto es que desde el principio muchas de nuestras expectativas de pareja están lejos de la realidad, en especial, cuando queremos acciones por parte de nuestras parejas que se contraponen a los deseos intrínsecos de ellas.

## Motivo 6: Incapacidad para manejar tensiones dentro de la pareja

Cuando el ambiente que se respira alrededor de la pareja es tenso, surge el miedo por diferentes razones: no sabemos enfrentar los sentimientos negativos, no hay capacidad para expresarlos o, simplemente, tenemos recelo de perderla. Esto se debe, en gran parte, a que en el tema de pareja siempre existe esa sensación interna de incertidumbre, de cómo será el futuro o el final de la relación. Y por esta razón, a veces se opta por tener una relación paralela que ayude a equilibrarnos mientras se resuelve la situación con nuestra pareja de compromiso.

Si persiste el nexo con la extrapareja, es seguro que juegue un papel fundamental de compensación positiva, al aminorar lo lastimados que pudiéramos sentirnos por nuestra relación. Esto suele dejarnos un buen sabor de boca, que nos hace evadir los problemas cuando no somos capaces de enfrentar situaciones conflictivas y discordantes con nuestra pareja de compromiso. Las tensiones no siempre son sinónimos de pleitos, pueden ser cualquier tipo de agresión, desde los golpes hasta la indiferencia, por ejemplo.

## Motivo 7: Amores inconclusos

A lo largo de la vida el ser humano va siendo la suma de las experiencias que ha vivido. Algunas experiencias amorosas llegan a su fin por motivos externos a la pareja en sí; otras, por una decisión de pareja, a pesar de que la relación no estaba agotada o desgastada, y por último, aquellas en las que uno de los dos decide terminar sin que el otro lo desee, aferrándose al sentimiento sin querer soltarlo.

Usualmente, cuando nos reencontramos con amores del pasado, intentamos evocar esa vivencia y nos enfocamos en la persona en sí, pero en ocasiones, este sentimiento no tiene nada que ver con el sujeto, sino con la remembranza de una época y el momento vivido.

En estos casos, el factor tiempo es importante, ya que muchas parejas terminan por tener intereses o rumbos diferentes. Sin embargo, con el paso de los años podrían reencontrarse y esta vez la dirección podría ser la misma y hacer que se decidan a darse una segunda oportunidad, mientras mantienen su otra relación en paralelo.

Cuando se tiene una experiencia de amor profunda y satisfactoria, es probable que permanezca en un lugar especial de nuestros recuerdos. Si el reencuentro ocurre precisamente con esta persona, se intentará revivir lo que se sentía en aquel momento. Puede ser que esto pase, pero también hay casos en que las exparejas se encuentran y no sucede nada entre ellos. Todo depende de los individuos, de la situación personal y de las circunstancias en que se den las cosas.

Al respecto, habría que mencionar a las personas a quienes les cuesta trabajo conocer o intimar con gente nueva y les es más fácil restablecer contacto con un amor del pasado. Este tipo de relaciones se da porque alguno de los dos, o ambos, no cerraron el círculo y se creen merecedores de una segunda oportunidad.

Cuando tenemos oportunidad de concluir asuntos pendientes, es muy difícil ser honesto con nuestra pareja de compromiso, debido a que la situación se vuelve complicada y confusa por no saber qué hacer. Por un lado, la expareja se hace presente y pugna por dar continuidad a la relación; y por otro lado, se busca resolver lo que quedó inacabado para concluir ese capítulo de su vida.

Todas las personas tenemos un lugar de aparición en la vida de alguien, no hay mejores ni peores lugares, lo que sí es un hecho es que nuestra llegada jamás borrará la vida anterior ni las experiencias pasadas de nuestra pareja. Solemos dar mayor importancia al lugar que ocupamos en la vida del otro, que a la persona en sí, a esa que tenemos enfrente y nos acompaña. Incomprensiblemente nos obstinamos en ser los primeros, únicos y últimos, más que en disfrutar los momentos de compañía.

## Motivo 8: Desilusión por necesidades no satisfechas

Algunas personas se enamoran sin cuestionamientos ni razones. Para convivir con otra persona de manera saludable, tendríamos que ser individualmente capaces de proporcionarnos y cubrir las necesidades personales, desde lo emocional hasta lo material. De tal forma, una unión formalizada parte básicamente del afecto, el gusto y el deseo que nos produce compartir nuestra vida con otro, y no de que él o ella nos solucione la vida y cubra las necesidades que no hemos podido o querido procurarnos por nosotros mismos.

Cuando estamos enamorados perdemos de vista nuestro centro, camino, ambiciones, voluntad, deseos, necesidades, desarrollo y crecimiento; luego, colocamos de lado todo ello y creamos el "cuento" de que lo hacemos en beneficio de la pareja. No nos importa el mundo ni el rumbo con tal de estar cerca del ser amado, podemos descuidar y ceder carrera, trabajo, amistades, familia y hasta a nosotros mismos.

Apostamos y ponemos todos nuestros esfuerzos e ilusiones en nuestra pareja, en su crecimiento, sus gustos y su progreso. Tiempo después, cuando el enamoramiento pasa y queremos retomar nuestra vida, nos sentimos perdidos y en desventaja. Así pueden empezar reclamaciones de las necesidades pasadas y presentes que hasta ahora no han sido cubiertas.

Esta sensación de insatisfacción, desamparo o deuda (que la persona no quiere o puede darnos lo que anhelamos), nos hace sentir traicionados, desilusionados, decepcionados, entre otros. Al llegar a este punto nos damos cuenta de que nuestro proyecto no era de los dos, sino personal, y que las necesidades individuales no pueden ser saciadas por el otro. Las parejas están para acompañarnos en algunas partes del proceso de nuestra vida, mas no son el medio para satisfacer nuestras necesidades.

Muchas de las personas infieles manifiestan este sentimiento de carencia, desilusión y traición hacia una necesidad insatisfecha, sienten que la vida junto a su pareja está alejada de sus necesidades (que, por cierto, no han sido cubiertas por ellos mismos) y se sienten engañadas, argumento que utilizan para justificar su infidelidad.

## Motivo 9: Crecimiento y desarrollo desigual de la pareja

Ahora, muchas parejas se unen por diferentes motivos y sus acuerdos para la relación que llevarán son variados y diversos.

Por ejemplo, algunas se vinculan en igualdad de circunstancias: los mismos gustos, el mismo estrato social, económico y educativo, etcétera; pero, a pesar de haber comenzado desde la misma plataforma, el desarrollo de los integrantes no evoluciona en paralelo (un mismo tiempo y un mismo rumbo) y su proceso de crecimiento es desigual. Ante esto, los objetivos planteados de común acuerdo en un principio se alteran después por la disparidad y discrepancia en sus maneras de pensar. En ese recorrido juntos, como pareja, la desigualdad de intereses suele causar alteraciones en la relación, al punto de llevarlas a la infidelidad.

Normalmente, el grado de desarrollo no es un factor que se pueda controlar o prever, aunque un sinnúmero de acciones influyen en un proceso de crecimiento personal, que no se establecieron ni contemplaron al principio de la relación: estudios, trabajo, realizaciones a nivel profesional, el inicio de un negocio, ir a terapia, viajes de trabajo, hijos, enfermedades, entre otras.

Otro ejemplo son las parejas en las que el factor determinante es la desigualdad en el momento de la unión, ya sea a nivel económico, social o educacional, lo que puede convertirse en una variante de poder dentro de la relación, si uno de los dos se encuentra en un nivel superior al otro.

En cualquiera de los dos casos, el resultado casi siempre es el mismo cuando existe una evolución discrepante y sin afinidad en la pareja: surgen desencuentros que van acompañados de inconformidad, enojo, molestia, dudas, miedos, y otros. Los sentimientos tienden a ser semejantes para ambas partes: desolación, confusión, pérdida, falta de apoyo, de escucha y de compañía. Eso aumenta la probabilidad de que uno de los miembros, o ambos, conozca a alguien sin proponérselo y ese alguien le proporcione la comprensión, interés, acompañamiento y nivel de engranaje exactos para sobrellevar el desarrollo en el que se encuentran.

## Motivo 10: Por enamoramiento y/o por amor

Un motivo poco reconocido por las personas infieles es el vinculado con el enamoramiento y que resulta difícil de justificar, pues no depende de la pareja sino de uno mismo.

Se sabe que el enamoramiento es una etapa que puede durar de seis meses a dos años ininterrumpidos. Entre otras, sus características son: euforia al ver a esa persona especial, duda, emoción por la expectativa del encuentro, desconcentración, pensamientos intensos y necesidad de estar con él o ella. Otro elemento fundamental es el lenguaje corporal.

El enamorado mantiene una sonrisa constante, está jovial, su cuerpo luce relajado en respuesta positiva ante la vida; pero si se le pone al descubierto, puede mostrarse enojado, nervioso, con la mirada ausente, etcétera.

Es común que el enamorado intente controlar su actitud y sus acciones, mediante diferentes tácticas y estrategias como el distanciamiento, la negación, el ausentismo, la indiferencia, el pleito sin sentido, entre otras. Asumir que está enamorado de la extrapareja no es sencillo, por lo que se dice que se trata de deseo y no de amor.

En unos casos el enamoramiento pasa y la relación con la extrapareja termina, pero en otros basta un evento, quizás externo, para que nos cuestionemos el sentimiento por esa persona; pueden ser vínculos y vivencias que se han fortalecido con el tiempo, para dar paso al amor.

Como mencionamos, el amor es difícil de definir y cada persona lo siente de forma distinta. En nuestra investigación, fue un motivo muy mencionado por las personas infieles: "Tan dulce o tan brusco como les parezca a los demás".

Si bien es cierto que nadie puede saber en qué etapa de su camino va a encontrar el amor, cuando el sentimiento surge y uno se deja llevar por él, puede convertirse en un alimento para su desarrollo y crecimiento personal, si se capitalizan sus aspectos positivos. Esto no significa que los infieles dejen a su pareja de compromiso por la extrapareja, por lo general pueden llevar ambas relaciones en paralelo. Se puede amar a más de una persona a la vez, ya que el amor no es excluyente; muchas personas infieles afirman que aman a sus dos parejas.

Por otro lado, dejarse llevar por el amor tampoco representa una condición exclusiva para la toma de decisiones, ya que existen otras condicionantes como la familia, el medio laboral, la educación familiar, la historia de vida, los miedos, que pueden ser más fuertes que las medidas fundadas en esta idea.

Asimismo, existen algunas relaciones de extraparejas conformadas por dos personas comprometidas. Lo conveniente para ambas partes es seguir con el compromiso primario, pues se sienten cómodos como están y no desean alterar el orden de las cosas, ya que sus fuerzas y sentimientos se equilibran con su pareja de compromiso y con todo lo que los rodea.

## Motivo 11: Cambios en el ciclo vital de la pareja

Toda pareja pasa por diferentes etapas o ciclos, y con cada cambio que se produce, surgen ajustes y reacomodos de acuerdo con la evolución familiar. Cuando esto sucede, si hay un equilibrio dentro de la pareja, se pueden sortear los cambios venturosamente. Pero en el caso de que haya una fractura, por pequeña que sea, los cambios pueden ser caldo de cultivo para una infidelidad.[17]

Plantearse la posibilidad de tener hijos es una de las decisiones más trascendentales para una pareja, y embarazarse no suele ser una tarea sencilla para algunos. Esto puede causar frustración a uno o a ambos, si no pueden procrear en el tiempo, ni con los procedimientos y, mucho menos, con el número de intentos deseados. Este tipo de situaciones crean distanciamiento y tensión, sobre todo cuando la sexualidad se focaliza en la procreación. Por lo general, el miembro de la pareja que no está obsesionado se cansa y este esquema de relación condicionado a un resultado se desgasta; el enojo puede convertirse en el mayor detonante para la búsqueda de una extrapareja.

De igual forma, sentirse relegado por la llegada de los hijos también puede contribuir a la infidelidad. En un principio, el tiempo y el espacio se centran en la pareja: atención, compañía, apoyo, seguridad, economía, esparcimiento, viajes, protección mutua, sexualidad, entre otros. Una vez que se tienen hijos, el tiempo y el espacio son distribuidos y compartidos entre los integrantes, lo cual, a veces, hace que a la pareja (madre o padre) se le desplace a un segundo plano; esto genera una sensación de abandono y descontento, motivo por el cual se dan las condiciones para que aparezca alguien en paralelo que le devuelva el protagonismo a su vida.

Tanto el acto sexual durante el embarazo como la lactancia son temas rodeados de muchos mitos y tabúes que obstaculizan el buen funcionamiento de la sexualidad y que dejan la puerta abierta para encontrar una extrapareja. A partir de la etapa de lactancia y durante la infancia de los hijos, los padres pueden evitar que pase algo que desestabilice la armonía del hogar. El acoplamiento en la pareja con niños pequeños no es un ciclo

---

[17] Véase cita comentada de Lauro Estrada en la Bibliografía.

que presente mayor dificultad, ya que el control de mando está en manos de los padres. Muchos de los problemas de pareja empiezan cuando los hijos entran a la pubertad y luego a la adolescencia, debido a que se presentan escenarios y condiciones imprevistos que rompen la tranquilidad y el orden establecido, desajustando la dinámica de pareja y de la relación. En estas complicadas etapas puede haber periodos de crisis existenciales en todos los miembros de la familia. Hay quienes necesitan encuentros de ocasión o parejas paralelas, para disminuir la tensión que se produce durante estas etapas de inestabilidad.

Ahora bien, una vez que los hijos se van y la casa se queda vacía, no es difícil imaginar que el reencuentro tan añorado por la pareja se torne algo complejo, ya que los dos dejaron de mirarse tiempo atrás y, cuando se encuentran cara a cara, lo que ven es a un extraño. Este reacomodo cuesta trabajo. Por ello a veces optan por buscar a alguien que los contenga durante esta etapa, mientras se acoplan poco a poco como pareja.

En la vejez se presenta la falta de información y desacreditación en torno a la sexualidad en los adultos en plenitud. Aunado a esto, está el tema de las enfermedades, como las disfunciones sexuales, propias de la edad y que muchas veces no son atendidas a tiempo. En esta etapa hay desconocimiento en torno a la disminución de la respuesta sexual, lo que se confunde con ausencia y/o término de la sexualidad, lo que produce una serie de conflictos en la pareja.

Como es evidente, durante estos ciclos por los que transita la pareja a lo largo de su camino juntos, la infidelidad es uno de los factores con mayores probabilidades para que se presente en cualquiera de estas etapas, con repercusiones entre ellos.

## Motivo 12: Insatisfacción sexual en el matrimonio

Entre los motivos más frecuentes para el rompimiento y disolución de una pareja se encuentran los temas de la sexualidad y del dinero, que incluso muchas veces se convierten en el arma principal de poder y ejecución de violencia.

Reiteramos que partimos de la premisa de que, para que exista una pareja como tal, debe existir una vida sexual activa o, al menos, cierto grado de erotismo en ella; de lo contrario, hablaríamos de una gran amistad o una unión filial, tema que no es materia central de este libro.

En una pareja debe prevalecer cierto grado de atracción, erotismo y acuerdos implícitos o explícitos en torno a gustos, deseos y fantasías sexuales. Para ello hay que tomar en cuenta la salud sexual, con los derechos y las obligaciones correspondientes, es decir, evitar enfermedades de transmisión sexual, embarazos no deseados y violencia sexual. Es importante saber cómo queremos vivir nuestra sexualidad y la parte que nos corresponde antes de iniciar una vinculación sexo-afectiva.

No ser sincero con nuestra pareja y evitar plantear nuestra posición frente a este tema, puede acarrear inconformidad e insatisfacción sexual. Hay casos de disfunción sexual que no necesariamente se dan por problemas en la relación, sino que tienen un origen previo. No detectar los problemas ni atenderlos en su momento puede derivar en un conflicto sexual, que conlleve a una infidelidad.[18]

## Motivo 13: Disfunciones sexuales en mujeres y hombres

También hay disfunciones que proceden del vínculo con la pareja actual y que pueden ocasionar que uno de los miembros de la pareja decida ser infiel. Estas disfunciones, tanto las previas a la unión como las que ocurren durante la relación, corresponden a diferentes fases de la respuesta sexual humana, como deseo, excitación y orgasmo.

En la fase del deseo, algunas disfunciones comunes son la falta de interés y la insatisfacción con la frecuencia de la actividad sexual, así como la aversión sexual.

En la etapa de la excitación, algunas disfunciones son la falta de excitación sexual genital y de sensaciones de excitación en la mujer, la excitación sexual persistente y la disfunción eréctil masculina.

En la etapa del orgasmo, algunas disfunciones son el retardo o disminución de intensidad del orgasmo femenino, y los orgasmos por medios distintos del coito en la mujer; en el hombre, la incapacidad para eyacular y la eyaculación precoz. Existen, además, los trastornos sexuales por dolor,

---

[18] Véase cita de Masters y Johnson en la Bibliografía comentada.

en mujeres y en hombres. En el glosario al final del capítulo se proporciona la descripción de cada una de estas disfunciones.

Las dificultades sexuales pueden provenir de factores como enfermedades físicas, psiquiátricas o psicológicas individuales, por influencias culturales educacionales, abuso de drogas o medicamentos, entre otros.

Muchas personas inician su vida sexual en pareja con grandes vacíos, tabús, prejuicios, presiones, carencia de educación y falta de información. A veces elegimos pareja pensando que la satisfacción sexual se da espontáneamente o que el otro debe enseñarnos, y dejamos en sus manos toda la responsabilidad, sin asumir nuestro rol, compromiso y obligación con la pareja y el acto sexual en sí mismo.

Cuando tenemos una vida en común, gran parte de la insatisfacción sexual aparece por falta de conocimiento.

Tener una vida sexual placentera y provechosa no es cuestión de suerte, como algunas personas piensan, más bien es cuestión de interés e información. Hay que informarse sobre el tema y evitar que nos pase como en los cuentos de hadas: "Y cuando al fin llegaron los príncipes al aposento real, se dieron cuenta de que ninguno de los dos tenía incluido el instructivo (sexual)".

Es cierto que el conocimiento de la propia sexualidad enriquece la vida sexual de pareja. ¿Cómo sabrá el otro qué es lo que nos gusta o no, si muchas veces ni nosotros mismos lo sabemos? No podemos pedir satisfacción, si no sabemos qué es lo que nos satisface y entre exigencias y realidades, nos volvemos incongruentes. Entonces, recurrimos a una extrapareja, argumentando que estamos insatisfechos "por culpa" de nuestra pareja.

Por su parte, algunos, con el tiempo, se dan cuenta de que existe algo más de lo que hasta el momento han vivido. Así se inicia la búsqueda que, en ocasiones, los lleva a encontrar otras personas con las que pueden experimentar y satisfacer sus deseos e intereses sexuales.

La negatividad, poca disposición y no conseguir del otro lo que se desea pueden ser factores para que un infiel dé rienda suelta con otra persona a sus expectativas e inquietudes que quizá, sí haya dado a conocer a su pareja de compromiso. En caso de no ser así, el motivo podría ser la falta de confianza o la diferencia de creencias personales en torno a la sexualidad.

En algunos casos, la relación de pareja se vuelve un intercambio sexual, es decir, se usa con algún fin o para beneficio de uno de los miembros. Esto ocurre cuando se controla y manipula a la pareja. El beneficio no tiene nada que ver con el acto sexual, más bien se cede a este para obtener a cambio algo que dista mucho del deseo sexual.

Algunas veces, la relación sexual se usa para castigar, recompensar, establecer quién tiene el poder, intimidar, obtener un beneficio económico, etcétera. Esto es, la intención no es intimar sexualmente, sino conseguir un favor a cambio.

Hay parejas que en el momento del encuentro sexual, ya sea por desconocimiento, olvido o monotonía, no dedican el tiempo suficiente para erotizarse mutuamente antes de la relación. Esta omisión produce insatisfacción sexual, descontento y hace que el momento sea poco grato. Probablemente esto represente, tarde o temprano, una de las formas de ajustes de cuentas o de cobro de facturas en la relación.

En algunas culturas, la nuestra entre ellas, hombres y mujeres siguen creyendo que la madre de sus hijos y la mujer que atrae y enloquece en la cama no pueden ser la misma. A veces es tanto "el respeto" que sienten por esa creencia, que ya en su vida de pareja, utilizan el sexo con fines de procreación o para satisfacer alguna "urgencia masculina", pero practicado de una manera en la que la opinión de la mujer no cuenta ni puede expresarse. Esto genera represión de emociones, insatisfacción y búsqueda de una pareja paralela con la cual se pueda gozar de una sexualidad sin restricciones, distante de la imagen limitante y preconcebida de enaltecimiento de la "madre de sus hijos".

## Motivo 14: Misoginia/misantropía

Los misóginos son hombres (y mujeres) que sienten aversión u odio hacia el género femenino. Por su parte, los misántropos son hombres y mujeres que sienten aversión u odio hacia los varones como género.

Las personas infieles que son misóginos o misántropos, de forma consciente o inconsciente buscan una persona extrapareja para devaluar y despreciarla con mayor intensidad que a su pareja de compromiso, o bien, hacerlo de partida doble, y así, satisfacer su necesidad de degradar al género que les inspira repulsión. Comúnmente manifiestan repugnancia, antipatía y trato violento (abierto o encubierto) hacia dicho género.

## Motivo 15: Ser hombre

Se ha informado de diversos casos en los que se cree que ser infiel es parte del *modus operandi,* del estilo de vida, del hombre, como si esta manera de proceder estuviera implícita en su condición masculina. Algunos lo entienden, transmiten y expresan así, como si ser infiel les correspondiera por la "fortuna" de haber nacido hombres. Esta aseveración ni siquiera es cuestionada por ellos, es un atributo que se toman por formar parte del género masculino. Su práctica ratifica la naturaleza de su posición entre sus iguales.

## Motivo 16: Oportunidad del momento

> *Entonces, el príncipe fue al baile y no encontró a Cenicienta y –a la luz de la luna y con el calor de las copas–, bailó con las hermanastras…*

Al definir la infidelidad, aclaramos que esta se da en tres planos: sexual, emocional o en combinación. Muchas parejas, sin proponérselo ni buscarlo, tienen la oportunidad de ser infieles. Este encuentro sexual (con algún extraño o conocido) no necesariamente ocurre bajo el efecto de bebidas embriagantes o por estar intoxicados; más bien, utilizan ese instante para vivir y experimentar algo diferente, creyendo que tras ese evento circunstancial y fortuito su relación no se verá afectada, ni tampoco el sentimiento que los une a su pareja.

Para algunos, este episodio puede quedar en el plano sexual; sin embargo, otros llegan al involucramiento emocional. Esto último sucede cuando la experiencia del encuentro rebasa las expectativas y les agrada en todos los sentidos. Si sucede así, la relación persiste para más tarde adquirir la connotación de pareja paralela.

La oportunidad del momento es un acontecimiento eventual, es decir, las condiciones para que sucedan las cosas se dan una vez. Los involucrados pueden o no volverse a ver, pero es muy difícil que el encuentro sexual se repita en cualquier circunstancia (distinta o cotidiana). Cuando el momento se presenta, y se decide involucrarse, la línea del tiempo no se corta, es un periodo continuo de unos minutos o puede durar días seguidos, siempre y cuando no rebase el espacio del evento; es decir, cuando acaba ese periodo, no se vuelven a ver o a entablar una relación sexual.

Desde esta perspectiva, el infiel cree que no corre el riesgo de perder a su pareja de compromiso porque no habrá involucramiento sentimental (ya que se tiene el control de la situación), porque es algo pasajero, porque nadie se va a enterar, porque no sabe si se le presente una oportunidad igual y porque, en caso de ser descubierto, sabe que es uno de los escenarios aceptados socialmente. El infiel que reinciden o se percata de su infidelidad y de sus necesidades reales, le asigna poco valor al significado de sus acciones y las condiciona a eventualidades del azar.

El infiel siente gran presión y excitación a la hora de tomar una decisión sobre el encuentro, puesto que no son circunstancias que se plantee ni se le presenten normalmente. Su escala de sentimientos y valores es cuestionada, tal vez surja un diálogo interno, antes o después de consumar el acto. Hay infieles que evitan razonar o debatir sus acciones, y las viven como algo natural para ellas.

## Motivo 17: Preferencia homosexual/bisexual

> *La Reina Lilian le pidió a su hijo El Príncipe Encantador,*
> *que se casara con la Princesa Fiona para recuperar*
> *el reino. El príncipe se negó porque ella no le gustaba,*
> *pero al ver a Sherk decidió hacerlo, pensando:*
> *"Ni modo, me tendré que sacrificar con los dos",*
> *al mismo tiempo que esbozaba una leve sonrisa de*
> *satisfacción.*

No corresponde al propósito central de este libro ahondar en un tema tan extenso e interesante como el de la homosexualidad y la bisexualidad. Con total respeto hacia las preferencias y los gustos de los demás, lo abordaremos en relación con la infidelidad.

Los motivos por los que una persona infiel tiene relaciones sexoafectivas con personas de su mismo sexo pueden ser: a) la persona presenta una tardía estructura en la orientación sexual; b) aun consciente de su orientación sexual, obedece a intereses sociales y familiares y decide establecer una relación de compromiso con una pareja heterosexual; pero, en paralelo, siguiendo su orientación principal, mantiene una o varias relaciones homosexuales; c) la persona es bisexual, con gustos y preferencias sexuales en ambos sentidos; así, la infidelidad representa una opción para practicar su preferencia.

## Motivo 18: Falta de disponibilidad física o emocional de la pareja

Cuando por cuestiones de salud uno de los miembros de la pareja no puede o no quiere relacionarse en forma sexoafectiva con el otro, sea por enfermedad temporal o de otro tipo, puede surgir la necesidad de cubrir estas carencias con un tercero.

En los casos en que uno de los miembros es un enfermo a largo plazo o incapacitado, en ocasiones este aprueba, implícita o explícitamente, que el otro mantenga una relación en paralelo a la de su relación de compromiso, para poder contener la experiencia de la enfermedad.

Ahora bien, cuando hay falta de disponibilidad emocional —como es el caso de una enfermedad mental (incapacitante o no), desde una depresión (leve o severa), hasta quizás una esquizofrenia (aunque controlada y medicada)—, la libido se ve disminuida (en menor o mayor grado), a causa del medicamento o la propia enfermedad. Bajo estas circunstancias, el deseo sexual se ausenta y las demandas sexuales de la pareja no son correspondidas, por lo que la infidelidad se presenta como un componente necesario para que mitigue el impacto de la enfermedad en la relación.

El desencuentro de las parejas en tiempos, actividades e intereses, a pesar de haber un mismo crecimiento personal, es otro sentimiento de vaciedad que no permite la cercanía de ambos, si no se busca la manera de coincidir y compartir. Cuando una persona siente que su pareja no atiende sus necesidades de entendimiento, escucha, apoyo, empatía, compañía, sexualidad, puede optar por una extrapareja para satisfacer su vacío emocional.

Esto sucede también con las parejas que se separan físicamente sin romper el vínculo de compromiso, por así convenir a los intereses de ambos, como en los siguientes casos: cambio de residencia, propuestas laborales, cuestiones familiares o legales, etcétera. A partir de la ausencia puede surgir la infidelidad, en uno o en ambos.

La inhabilidad de algunas personas para mantener el contacto emocional, el control de los diferentes miedos y el manejo de la indiferencia aumentan las probabilidades de un alejamiento de su pareja, así como su necesidad de establecer una vinculación profunda con otra u otras personas.

## Motivo 19: Soledad

La ausencia constante de uno de los miembros de la pareja en momentos importantes –solución o realización de proyectos en común, participación en actividades sociales y familiares de relevancia, decisiones sobre los hijos, entre otros– provoca pesadumbre y nostalgia en el otro, al estar privado de su compañía. Ante esto surge un imperioso deseo de compartir y aliviar la soledad emocional o física, por lo que el encuentro con una extrapareja se vuelve algo inminente.

## Motivo 20: Curiosidad

*Ese día, la curiosidad casi mata a…*
*Caperucita recorrió el camino largo…*
*Y, felizmente, se encontró al lobo feroz.*

Muchas veces la inexperiencia que se cree tener sobre las relaciones amorosas y/o sexuales, da paso a la búsqueda, quizá, primero de información, y luego de la manera de poner en práctica todo lo aprendido. A medida que se descubre esa información, aumentan el deseo y la curiosidad de querer experimentar la teoría y explorar cosas nuevas con la pareja. Y, si esta no se encuentra en la misma sintonía y se niega a participar o a abrirse a otras posibilidades, es probable que el curioso se acerque a otra persona que sí esté dispuesta a compartir la aventura. Lo importante no es con quién se esté, sino ampliar, saciar y vivir cosas diferentes. El deseo y el erotismo, conscientes o inconscientes, del infiel se incrementan, producto de la expectativa y la fantasía que se generan ante nuevos encuentros.

La infidelidad es común cuando la curiosidad y las ganas por experimentar cosas diferentes que siente uno de los miembros de la pareja rebasan a las del otro.

## Motivo 21: Venganza

Como diría nuestra querida Paquita la de Barrio:

> *Tres veces te engañé,*
> *tres veces te engañé.*
> *La primera por coraje,*
> *la segunda por capricho*
> *y la tercera por placer.*

Este es uno de los dos motivos de la persona infiel para vengar lo que considera un insulto personal. Lo dirige a su pareja con la intención de tomar represalias que lo hagan sentirse aliviado por el daño que le causó la infidelidad de la pareja de compromiso. El infiel se asegura de que el otro pague con la misma moneda, se entere o no el agraviado.

Con el fin de simplificar y comprender a qué nos referimos con venganza, hablaremos de "ojo por ojo y diente por diente", cuando se trate de infidelidad por infidelidad; y, al referirnos a otro tipo de daño, lo llamaremos "ajuste de cuentas".

## Motivo 22: Ajuste de cuentas

> *El Rey Esteban no invitó a Maléfica*
> *–que, dicho sea de paso, era su amante–,*
> *al bautizo de la princesa Aurora*
> *por querer mantenerla al margen de su familia.*
> *Y al sentirse despreciada, decidió ajustar las cuentas*
> *con él, donde más le dolía… la vida de su hija.*

Esta acción, que busca dañar a la pareja, se realiza para equilibrar agresiones que no son sexoafectivas.

El principal interés es atacar la parte más vulnerable de la pareja y, en ocasiones, ser infiel puede lograr este objetivo, ya que se sabe que al hacerlo se puede herir y causar tanto dolor como el que se desea redimir por la agresión recibida. En otras palabras, se podría decir que es una deslealtad pagada con una infidelidad.

## Motivo 23: Equilibrar la relación y mantenerla sana

Imaginemos que después del "Y vivieron muy felices…", viniera un "tan, tan, tan felices que se les perdió en el camino el amor que los unía, probablemente por confiar en que ese sentimiento perduraría por sí solo, sin que hubiera interés, flexibilidad en los roles y acciones que avivaran la relación y la mantuvieran en movimiento, con transformaciones saludables para el desarrollo individual y de proyectos en común". Impactante, ¿verdad?

Desde el punto de vista romántico e idealista, un ejemplo sería decir "el amor nunca muere… pero las ganas de vivir contigo, sí". Ahora bien, es cierto, no nos desprendemos de los sentimientos a nuestro antojo.

Amar a alguien por el resto de nuestra vida y vivir con esa persona por el resto de nuestra vida no son escenarios iguales. Esto significa que puedo seguir amándola, pero eso a veces no es suficiente para querer vivir con ella.

Así se explica la infidelidad desde la perspectiva del sentimiento. Hay parejas que atraviesan periodos de monotonía, aburrimiento, crisis frecuentes, diferencias y constantes problemas no resueltos, y aun así siguen amando y queriendo a su pareja. Antes de desgastar y dar por terminada la relación, optan por elegir tener una extrapareja que logre equilibrar su relación de compromiso.

Una vez que se advierte la función de la tercera persona, se concientiza su importancia en la relación de compromiso, pues mediante la extrapareja se logra mantener y, luego, reencontrarse con el ser amado. Las autoras llamamos a este tipo de pareja "una pareja de contención" porque, como su nombre lo indica, contiene las diferencias que existen en una pareja de compromiso y ayuda a generar cambios y mejorar la relación.

## Motivo 24: Ausencia de respuesta en la comunicación

Cuando una de las partes de la pareja pide, de manera reiterada, abierta y directa, algo que necesita en su relación, y esta petición carece de respuestas, el afectado, disgustado, no se siente visto, escuchado ni tomado en cuenta. Tiene la sensación de ser parte de una relación unilateral, desprovista de apoyo y con poca receptividad, lo que le da motivos suficientes para validar su infidelidad.

Los monólogos suelen ser fastidiosos para cualquier relación, por lo que algunos buscan el diálogo y la comunicación fuera de la pareja, en vez de insistir en entablar conversaciones sanas y constructivas entre los dos. En ocasiones, esto puede comenzar con una infidelidad por Internet, hasta convertirse en algo más profundo, producto del entendimiento y la conjugación entre los involucrados.

## Motivo 25: Desilusión por necesidades no satisfechas

*Abracadabra*
*Abracadabr*
*Abracadab*
*Abracada*
*Abracad*
*Abraca*
*Abrac*
*Abra*
*Abr*
*Ab*
*A*[19]
*Y la pareja*
*se convirtió en cabra.*

En el noviazgo empezamos a conocer a la pareja y, con base en la realidad de ese momento, nos creamos una imagen de ella, nos ilusionamos y llenamos de expectativas. Una vez que la convivencia diaria se consolida,

---

[19] Véase *Simbolos. Diccionarios Rioduero*, Ediciones Rioduero, Madrid, 1983.

nos sorprendemos y desencantamos al descubrir que ella o él dista mucho de ser la persona que era en un principio y no cumple con los requisitos básicos para satisfacer nuestras necesidades. Muchas veces nos sentimos engañados porque se presentó de una manera y resultó ser de otra, sin tomar en cuenta que gran parte de lo que nos ocurre es responsabilidad nuestra, al exaltar las características de la persona; es decir, nosotros mismos creamos el efecto ilusorio.

Ante tal desilusión, algunos se refugian y sostienen en aquello que los hechizó en un principio, quizá pensando que ese espejismo los "curará o protegerá" –cual amuleto o talismán– de todo mal y de todo lo que no han logrado superar: miedos, soledad, sentimiento de desamparo. Y una salida común es buscar una tercera persona "que sí sea como dice ser".

En otros casos ocurre un cambio radical en uno de los miembros de la pareja. Esto suele suceder cuando la persona se siente segura, o lo que es lo mismo, cuando establece un vínculo de compromiso "indisoluble" y prefiere mantenerse en su zona de confort a dar más de lo que puede o desea. El otro miembro de la pareja siente que no es apreciado en lo que vale, y opta por una extrapareja "que sí lo valore".

## Motivo 26: Monotonía

La buena convivencia en una relación de pareja depende, en gran medida, del esfuerzo diario para mantenerla viva y activa. Se requiere mucha energía en movimiento, impulso y voluntad para lograrlo.

En una relación, cuando el esfuerzo deja de ser placentero y auténtico, y se pasa a la automatización, las energías se merman. Si estas pocas energías se utilizan para que esa relación siga a flote, ambas partes caen en un letargo cotidiano en el que se emplea el mínimo esfuerzo, ya que se cree conocer el resultado final de cualquier acción de la otra parte. Y cuando nada diferente sucede en el día a día, caen en el estancamiento.

La energía que en un principio se invirtió para la conquista y para el establecimiento de una relación, con el tiempo se pierde o disminuye dramáticamente. Esta baja de energía y aburrimiento encamina a algunas personas a ser infieles. Para algunos, la monotonía representa uno de los principales motivos para tener una extrapareja.

## Motivo 27: Uso y abuso de alcohol y drogas

Aquí abordamos el consumo de alcohol y drogas según su influencia en el aspecto sexual; no analizaremos sus efectos y características, ni si son buenos o malos para el individuo, sino sus efectos en relación con el tema que nos ocupa.

Si una persona presenta el gusto por el alcohol o el consumo de drogas (como psicoestimulantes, ansiolíticos, opioides, cannabis, barbitúricos), y consume alguna de estas sustancias en dosis bajas, su deseo sexual puede potencializarse, ya que tanto el alcohol como las drogas tienen un impacto directo en el autoanálisis y la autocensura. Por ende, el consumidor ve alterados su juicio de realidad y su sensación de desinhibición, presentando un estado de euforia que a veces invita a tener actividad sexual inmediata.[20]

Algunas investigaciones sugieren una asociación entre el uso de estas sustancias —y el hecho de que reduce la culpa— y la promiscuidad, concepto que nosotras no generalizamos, debido a que vemos a cada persona como un ente individual. Sin embargo, sí lo vinculamos con la infidelidad, por lo que diríamos que la reducción de culpa por la inhibición que produce el consumo, puede propiciar la infidelidad.[21]

Por tanto, consumir alcohol o drogas aumenta la probabilidad de que se presente la infidelidad, puesto que no en todos los eventos los consumidores se encuentran acompañados de sus parejas de compromiso.

El deseo sexual que produce el consumo de sustancias tóxicas va dirigido a quien se encuentra "disponible", y si agregamos que esa persona pudiera también haber consumido alcohol, se potencializa la probabilidad de tener un encuentro sexual, se esté o no interesado en quien está disponible. Aquí intervienen factores socioculturales, dado que la respuesta sexual de los individuos alcoholizados concuerda con la cultura y la sociedad donde viven.

---

[20] Véase cita de Campillo y Romero en la Bibliografía comentada.
[21] Véase cita de Campillo y Romero en la Bibliografía comentada.

Se ha demostrado que las drogas tienen más efectos, como euforia o relajación, en el estado de ánimo de la persona; al tratarse de sustancias químicas, influyen directamente en el funcionamiento cerebral, en especial en el área donde se encuentran los sistemas neuronales responsables del placer o la recompensa.

Al combinar el consumo de droga con la sexualidad, el nivel de satisfacción se potencializa y, al igual que con el alcohol, la estimulación sexual y su realización se efectuará con quien se encuentre cerca o con quien se comparta la droga.

En ambos casos de consumo (alcohol y/o drogas), el intercambio sexual busca obtener satisfacción y cubrir una necesidad inmediata. De tal manera, la infidelidad pasa a un segundo término, pues el objetivo es alcoholizarse o drogarse. También puede presentarse este intercambio con la pareja de compromiso, pero esto no ocurre en todos los eventos.

Cuando el consumo es excesivo, la respuesta sexual se altera desfavorablemente, pues, aunque persista el deseo, la respuesta física disminuye, ya no es la misma ni la esperada; la persona queda incapacitada en cierto grado para consumar el acto, esté alcoholizada, drogada o no. También, puede llegar al punto de evitar el encuentro sexual con su pareja de compromiso para no ser cuestionada. El consumo llega a ser impostergable, en cuyo caso las personas viven solo para su adicción y la sexualidad pasa a segundo término. Si revisamos el factor de género, veremos que el hombre suele negar dicha discapacidad para que no se cuestione su "hombría". En la mujer, la evasión es menos evidente, pues se cree que la libido del sexo femenino es menor a la del sexo masculino.

Las parejas de compromiso relacionadas con personas alcohólicas o drogadictas que viven la evasión de estas en el aspecto sexual, regularmente confunden esta negación y la interpretan como infidelidad, sin detectar la disfunción sexual que está presente.

En ambos casos, es poco común solicitar atención médica o terapéutica para una persona que consume alcohol o drogas, bien sea por desconocimiento, vergüenza u otros factores. Por lo anterior, se recomienda pedir ayuda profesional pues en algunos casos la adicción es tratable.

## Motivo 28: Infelicidad con su pareja

Según los infieles, este es uno de los motivos más comunes de la infidelidad en general. Quizá porque engloba otras motivaciones que no es fácil nombrar o identificar y se generaliza con el término infelicidad, con el deseo de no exponer ni sacar a relucir otros asuntos más dolorosos e íntimos.

Si bien es cierto que los individuos buscan insistentemente la felicidad, también lo es que esta es única para cada persona, y esta construcción particular es lo que seguramente no tienen con su pareja de compromiso. En ese afán de querer ser felices, rehúyen la infelicidad de su relación y se involucran con un tercero que sí se las proporcione.

Otra razón de la "popularidad" de este motivo entre los infieles es que creen que la sociedad y la familia son menos punitivas hacia quienes son infelices. No hay que olvidar que desde niño se nos fomenta que, como seres humanos, tenemos todo el derecho a ser felices.

## Motivo 29: Autonomía e individuación

Compartir sentimientos y estar enterado de las experiencias de la pareja es lo esperado para que una relación funcione en forma adecuada, pero algunos creen que este título de compromiso les da derecho a meterse y saber TODO sobre la otra persona. Es ahí donde en nombre del amor pierden a su ser individual para confundirse –fusionarse– con el otro, al extremo de dejar de lado cosas significativas para ellos y darle importancia a todo lo concerniente de la pareja, hasta pensar que él o ella es un objeto y les pertenece.

La intimidad mal entendida implica prohibiciones y privaciones de la necesidad de autonomía e individuación. Sentirse autónomo es una necesidad sana del ser humano, y al no satisfacerla dentro de su pareja de compromiso, es probable que la persona busque esta diferenciación y autonomía en una relación paralela.

## Motivo 30: Ascender o avanzar en su carrera

Muchas personas aceptan que son o han sido infieles en algún momento de su vida, para obtener un mejor empleo, cargo, remuneración económica o avanzar de una manera rápida hacia un logro o meta laboral. En estos casos, el infiel decide involucrarse de manera afectiva o sexual con la persona responsable de su ascenso.

Por otra parte, dicho ascenso pudiera quedar en peligro cuando se finaliza la relación extrapareja.

También ocurre lo que podría llamarse acoso sexual consensuado, es decir, cuando una persona acepta ser objeto del acoso de alguien de mayor nivel jerárquico con tal de no perder su empleo. En este caso, no se atreve a compartir con su pareja de compromiso que "está siendo infiel de manera obligada".

## Motivo 31: Compartir un gusto (intelectual)

Al encontrar pareja, muchas veces el gusto por las actividades intelectuales, culturales, sociales, o bien, por pasatiempos y/o gustos personales, se ve afectado por tratar de embonarlo a las preferencias de esa persona. Así, poco a poco se dejan de lado, hasta que con el tiempo nos damos cuenta de que es hora de rescatar esa parte relegada. Esta es una razón por la cual quien tiene gustos más afines a los propios adquiere relevancia y puede convertirse en una extrapareja.

La mayoría de las extraparejas se encuentran en el trabajo y en lugares donde las personas asisten sin su pareja, por el simple hecho de darle espacio a su gusto personal, como gimnasios, escuelas, convenciones, cursos, etcétera.

El romance empieza a medida que se comparten opiniones y gustos, ajenos a los de nuestra pareja; esto los hace sentir que están llenando una parte olvidada de su relación. Otras veces, las personas se emparejan y se sienten atraídas por aquellos que presentan gustos opuestos a los propios, pues les llama poderosamente la atención esas cosas que desconocen. Sin embargo, con el tiempo, en algunos casos estas actividades dejan de ser una novedad para convertirse en una monserga cotidiana que hace la relación intolerable, propiciando las condiciones necesarias para un encuentro con alguien más afín a ellos y sus gustos.

## Motivo 32: Pertenecer a determinado grupo

Para algunos, formar parte de un grupo es muy importante y el acceso a él, simplemente imposible. Si el anhelo de pertenencia es irresistible, puede llegarse a actitudes extremas como buscar a una pareja paralela que resulte conveniente para lograr ese pase de bienvenida. Por medio de esta extrapareja se obtiene la aceptación, el reconocimiento y el sentido de pertenencia a ese grupo que parece ser el ideal para ellos.

Sin embargo, es probable que este beneficio personal dure el tiempo en que se mantenga la relación extrapareja. Una vez finalizada, es probable que su participación en la asociación también se dé por concluida, lo cual traerá grandes sinsabores.

## Motivo 33: Más atraccción física hacia la extrapareja

En la actualidad, los cánones de belleza son más exigentes tanto para hombres como para mujeres. Poder conservar un buen cuerpo a lo largo del tiempo se ha convertido en una obsesión y en la meta ideal para algunas personas.

No hay que olvidar que la atracción visual ayuda, en gran medida, al primer acercamiento, pero es común que cuando esto se logra y la relación se establece como tal, los individuos descuiden y abandonen su aspecto físico por sentirse seguros con su pareja. Esto, a veces, puede resultar un serio inconveniente y crear enojo en la otra parte, ya que si bien la belleza física no lo es todo, para muchos tiene un significado especial, y como tal, se lo hacen saber o se lo exigen a su compañero de relación. Si este no responde como ellos esperan, se sienten justificados para intimar con otra persona con un mayor atractivo físico que "sí los satisfaga".

En el otro extremo están quienes sabotean el arreglo y el cuidado personal de su pareja con el fin de "protegerse" de que alguien más se fije en ellas. Esta manera de proceder en cuanto al aspecto físico, a la larga, puede ser usada en contraposición, es decir, como pretexto para poder tener una extrapareja. ¿Cómo funciona esto? Ya que se ha sometido a la pareja a mantenerse con un bajo perfil en cuanto a su apariencia física, se le reprocha justamente este aspecto y se busca a alguien "que se cuide más".

## Motivo 34: Enculamiento

Encularse quiere decir apasionarse obsesivamente por alguien, sentir que el mundo gira alrededor de pensamientos compulsivos y fantasiosos, ya sea en tiempo pasado, presente o futuro, de poder tener relaciones sexuales con esa persona que se desea.

Cuando se es infiel por enculamiento, la persona se ve acostándose con "ese" alguien en todo momento (de manera real o imaginaría). Esto le hace perder la perspectiva y lo ausenta del presente, ya que su objetivo radica exclusivamente en estar con su extrapareja en la cama.

## Motivo 35: Falta de aseo de la pareja

Convivir con una persona que no tiene la misma educación y hábitos en cuanto a la limpieza y el aseo personal, puede resultar desagradable y repulsivo a la hora del encuentro sexual. Esto a tal punto que el afectado se niega a tener sexo o a participar de ciertas prácticas como besos, sexo oral, entre otras. Ante una situación así, es probable que se dé a la tarea de encontrar a una extrapareja que sí cumpla con los requisitos de higiene que se requieren.

En terapia hemos atendido muchos casos de personas que sienten este rechazo a tener relaciones sexuales con su pareja, porque les da asco que no se bañe, que no se lave los dientes, entre otras costumbres desagradables. Esta falta de aseo puede presentarse desde un inicio y "sobre advertencia no hay engaño", pero lo común es que esto se destape o se haga evidente en cuanto la convivencia se establece; en otras palabras, una vez que hay confianza, ya no se esfuerzan por aparentar algo que en verdad no son.

## Motivo 36: Juego

Un sinnúmero de personas empiezan a relacionarse con extraparejas considerándolo un simple juego, pues en principio su intención nunca fue quedarse ahí. Sin embargo, para algunos, lo que parecía ser irrelevante e inocente, con el tiempo se volvió una telaraña de complicaciones sentimentales que les impide desvincularse de esa persona de manera sencilla.

Para otros, la parte lúdica de ser una persona infiel no se pierde nunca, y cambia de extrapareja constantemente. Así se mantienen en el juego. Este tipo de individuos dan más valor al juego que a ser una persona infiel.

## Motivo 37: Deseo de obtener bienes materiales

Para algunos, los bienes económicos y materiales son muy importantes, y al no ver satisfechas estas necesidades con su pareja, optan por buscar a otra persona que tenga los recursos económicos suficientes para compensarle las carencias. Algunas mujeres consideran que el marido con ingresos bajos es un mal proveedor y lo recriminan constantemente, a pesar de que así lo conocieron, hasta el punto en que la relación se vuelve insoportable y ella acaba por buscarse otro que le pague sus gustos.

## Motivo 38: Diferentes gustos en prácticas sexuales

Sabemos que el sexo con fines placenteros es algo que la mayoría de las personas desean, y para ello, existen diferentes prácticas. Sin embargo, para que sean realmente satisfactorias, ambas partes deben estar de acuerdo en ejercitarlas; es decir, tuvieron que llegar a un consenso preliminar.

Hay personas que tienen ciertos gustos sexuales con los cuales su pareja de compromiso no se identifica, o de los cuales ni siquiera esté enterada. Estas personas suelen buscar una o más parejas paralelas que disfruten experimentar diferentes prácticas sexuales. Por ejemplo, las de dominio-sumisión (mejor conocidas como sadomasoquistas), pero que no llegan a ser excesivas en el dolor, sino se enfocan en producir, de manera más sutil o simbólica, incomodidad y humillación en el sumiso por parte del dominador; cuando se llega a ejercer dicho "castigo/dolor", el umbral del dolor de la persona que lo recibe se encuentra en un grado de tolerancia mayor, producto de la excitación del momento.

Hay todo tipo de gustos: algunos prefieren las prácticas en las que frecuentemente se utiliza algún tipo de fetiche, accesorio o juguete sexual para efectuar el acto. No todas son del agrado de los dos, como algunas parafilias (voyeurismo,, exhibicionismo, froteurismo, clismafilia, troilismo. Véase el glosario al final del capítulo).

El infiel que siente placer con este tipo de prácticas y se ve limitado con su pareja de compromiso, se puede dar a la tarea de encontrar a alguien que comparta sus mismos gustos.

## Motivo 39: Conducta sexual compulsiva

Hay personas que padecen un trastorno compulsivo o ansiedad reflejado en alguna conducta sexual específica, como hipersexualidad, búsqueda de diferentes parejas, relaciones amorosas con dos o más personas al mismo tiempo, fantasías obsesivas con parejas inexistentes, adicción a diferentes formas de erotizarse por medio de Internet, uso de pornografía, entre otras. Este tipo de alteraciones puede llevar a la infidelidad cuando son insostenibles y la pareja estable se ve afectada.

Es importante aclarar que hay relaciones que pueden contener estas características sin necesidad de presentar ningún patrón de ansiedad, y por tanto, no entran en la categoría de conducta sexual compulsiva.

## Motivo 40: Envidia

Querer tener y experimentar lo que otros tienen o hacen es uno de los motivos que más aquejan a las personas infieles. Hay algunas personas cuya pareja tiene una relación por fuera, algo que ellas han permitido. Sin embargo, dado que sienten envidia por todo aquello que el otro se permite hacer, sentir y gozar, deciden buscar también una relación con un tercero. En el fondo, no es que esa extrapareja por sí misma les importe; más bien, les motiva el deseo de conseguir la misma sensación de placer que su compañero.

También se puede envidiar a familiares, amigos, colegas que mantienen una relación paralela, ante lo cual, la persona envidiosa decide abrirse a la infidelidad con el propósito de experimentar lo mismo que los otros.

## Glosario

### *Disfunciones en la fase del deseo*

» Disfunción sexual hipoactiva (HSDD). Falta de interés antes o durante la actividad sexual.

» Disfunción de aversión sexual. Miedo extremo e irracional a la actividad sexual.

» Insatisfacción con la frecuencia de la actividad sexual. Discrepancias en sus preferencias sobre cantidad, tipo y duración de las actividades sexuales.

### Disfunciones en la fase de excitación

» Disfunción de la excitación sexual genital femenina. Incapacidad persistente para conseguir o mantener la respuesta de lubricación-hinchazón.

» Disfunción de la excitación sexual subjetiva femenina. Ocurre cuando las señales físicas de excitación están presentes, pero las sensaciones de excitación sexual o placer están ausentes o disminuidas.

» Disfunción de la excitación sexual genital y subjetiva combinada. Excitación sexual física y subjetiva ausente o disminuida.

» Disfunción de la excitación sexual persistente. Excitación genital, espontánea, no deseada y que no se alivia por medio del orgasmo.

» Disfunción eréctil masculina (ED). Incapacidad consistente o recurrente, al menos durante tres meses, para tener o mantener una erección.

### Disfunciones en la fase del orgasmo

» Disfunción orgásmica femenina. Ausencia, retardo marcado o intensidad disminuida del orgasmo, pese a una alta excitación subjetiva.

» Disfunción orgásmica situacional femenina. Ocurre cuando una mujer experimenta orgasmos por otros medios diferentes del coito. La mayoría de los terapeutas sexuales concuerdan en que no se trata de un problema sexual. La mayoría de las veces, el coito provee estimulación clitorídea indirecta, y para muchas mujeres esta estimulación no es suficiente para tener un orgasmo.

» Disfunción orgásmica masculina. Incapacidad del hombre para eyacular durante la actividad sexual con su pareja.

» Eyaculación precoz. Patrón de eyaculación dentro de los dos minutos posteriores a la penetración e incapacidad para retardar la eyaculación que impide el placer del varón o el de su pareja.

## Trastornos sexuales por dolor

» Dispareunia o dolor durante el coito. Es disruptivo para el interés y la excitación sexual en hombres y mujeres. Numerosos problemas físicos pueden causar coito doloroso.

## Parafilias

» Vaginismo. Es una contracción involuntaria de los músculos exteriores vaginales que hace que la penetración en la vagina sea difícil y dolorosa.

» Parafilia. Patrón de comportamiento sexual cuyo objetivo predominante productor de placer consiste en objetos, situaciones, actividades o individuos atípicos. El límite entre el interés sexual y la parafilia reside en que: el individuo no se cause a sí mismo o a su pareja estrés o ansiedad constantes por la práctica y que esta sea la única forma de alcanzar el orgasmo, sin poner el riesgo la vida de los involucrados.

» Voyeurismo. Acción que consiste en obtener placer sexual observando sin su consentimiento a personas desnudas o realizando una interacción sexual.

» Exhibicionismo. Acción de mostrar los genitales a un observador involuntario.

» Froteurismo. Obtención de placer sexual al presionar o frotar el cuerpo con el de otra persona en un lugar abarrotado de gente.

» Clismafilia. Variante inusual de la expresión sexual en la cual un individuo obtiene placer sexual al recibir enemas mientras se realiza el acto sexual, para una mayor estimulación anal.[22]

» Troilismo. Práctica sexual que incluye a más de dos personas al mismo tiempo, sin importar su género.

---

[22] Véase Crooks, Robert y Karla Baur, *Nuestra sexualidad. Conducta sexual atípica*, pp. 162-182 y 525-540.

## CAPÍTULO 7

# ¿Cómo usa la infidelidad la persona infiel?

> *Lo que niegas te somete.*
> *Lo que aceptas te transforma.*
>
> C.G. Jung

El ser humano forma, experimenta, crea y, a veces, fuerza situaciones para obtener un fin que le dé ciertos beneficios. En ocasiones, este objetivo tiene que justificarse y entenderse como un mapa que lo ayude a encaminar sus actos.

A partir de este propósito, la persona infiel marca el rumbo y busca "liberarse" de situaciones incómodas en su relación de compromiso. También esto puede verse como una brújula que orienta las acciones de la persona infiel para comprender el "uso" o beneficio que le aporta esa relación. Con el paso del tiempo esta ruta puede rediseñarse, pues las explicaciones cambian o se modifican según la etapa de vida de las personas.

## Usos principales

### Liberación de tensiones

Como seres humanos, estamos conformados, entre otras cosas, de energía. Desde la postulación bioenergética y las necesidades básicas para vivir, la respiración nos proporciona energía, la cual realiza cambios fundamentales en los individuos; además, proporciona el movimiento y la expresión corporal, lo que determina su respuesta ante las eventualidades de la vida cotidiana.

Si dicha energía se encuentra en equilibrio —entre el ser humano y su entorno—, se conjugan la capacidad del gozo, el placer y la felicidad.

Un simple movimiento expresa la utilización de esa energía, como cuando se quiere alcanzar un vaso a una distancia mínima. El desgaste físico energético no se siente, pero si corremos y saltamos en el mismo intervalo de tiempo, ese desgaste se ve reflejado en el cansancio. La energía corporal no solo se utiliza para la realización de un esfuerzo físico, también se emplea, sin darnos cuenta, en las manifestaciones de las emociones.

Cuando nos toman por sorpresa con una noticia inesperada, nuestra expresión facial se corresponde con tal sorpresa. Lo mismo sucede con el cuerpo: este realiza un movimiento para transmitir una emoción. Es difícil que la expresión facial no vaya acompañada de lo corporal y viceversa; en ese momento, la energía fluye porque hay un movimiento, nuestra respiración se acelera y se eleva el ritmo cardiaco que causa un mayor flujo sanguíneo.

Sin embargo, cuando el mismo evento nos mantiene sin expresiones faciales y corporales, nuestra energía, entonces, trabaja para contener las emociones y su expresión; para tal efecto, se sirve de la respiración, realizando una inspiración profunda que luego se contiene, ayudando así a que la energía no fluya, se estanque y se vea reflejada en determinados puntos del cuerpo. No es raro que al final de una experiencia de este tipo el cuerpo quede adolorido. El dolor que se manifiesta es parecido al esfuerzo físico; a esto se le denomina tensión corporal.

Con el trajín diario estamos expuestos a situaciones de tensión emocional que varían dependiendo de la intensidad. Su manejo adecuado evitará que nos impacten negativamente. Para lograrlo, se recomienda realizar ejercicio físico continuo, actividades de relajación, masajes, bailar, practicar alguna de las artes, entre otros. Por ejemplo, la práctica de la sexualidad proporciona relajación, pues el flujo sanguíneo ayuda a que la energía no se estanque y nos provea de vitalidad. Esta es una de las causas por las que la persona infiel dice "sentirse viva".

Sin duda, liberar la tensión mejora el estado de ánimo. Con sueño reparador y relajación se mejora el aspecto de la piel y se mantiene la sensación de bienestar. Los problemas de la vida diaria pueden provocarnos tensiones; quizá sorteemos algunas pero habrá otras que serán más complicadas de evadir, sobre todo, cuando son producto de la relación y de la persona con quien convivimos.

Tal vez mediante una actividad física logremos disminuir la tensión; sin embargo, eso es solo un paliativo y no una solución, porque no se está atacando el problema de raíz y, por ende, la tensión continúa. En este caso, el origen de la tensión se encuentra en los conflictos no resueltos con la pareja de compromiso, y si no se hace algo por disipar esta situación, se pueden generar padecimientos como estrés, colitis, gastritis, migraña, y otros. Estar inmersos en estos escenarios hace que surja el deseo de conseguir una pareja de contención (o paralela) que ayude a eximir las tensiones.

## Evasión y negación de conflictos

Cada persona enfrenta, niega y evade los conflictos de manera diferente; mucho de ello depende de la historia de vida personal. Por lo general, cuando se utiliza la técnica de la evasión, se busca algo que desvíe la atención de donde está el problema. Si este radica en la pareja, y no podemos o no queremos solucionarlo, una de las opciones factibles es la infidelidad. Ignorar y pasar de largo los asuntos pendientes es un rasgo muy común de la evasión; eso provoca enojo, molestia, dudas, desconfianza e insatisfacción en la pareja, lo que puede minar y desgastar aún más la relación.

Ahora bien, cuando se opta por la negación, se suele simular y aparentar que la relación está libre de conflictos y, en este caso, se puede elegir ser infiel como una forma de huir. Ante una situación de negación, llega a creerse que los atributos de la pareja paralela son los que en realidad se necesitan. Esto provoca que pierdan la perspectiva sobre la crisis interna de la relación de compromiso, lo que implica un desacierto en la búsqueda de soluciones con la pareja.

Al utilizar cualquiera de estos mecanismos para no tocar los problemas reales con la pareja de compromiso, la persona infiel siente que contribuye a salvar la relación, inhibiendo el miedo o la tristeza que le provoca la situación en la que vive. No acciona elementos que ayuden a resolver los conflictos, solo los evade y/o niega, postergándolos y permitiendo que crezcan, hasta llegar, en ocasiones, a desbordarse.

## Evasión de la intimidad emocional

*Burro, al ver a su Dragona se impactó,*
*y no por el tamaño de esta,*
*sino por el miedo que le causó intimar con ella...*

El infiel utiliza irreflexivamente la relación paralela cuando siente temor a la cercanía de su pareja de compromiso, ya sea por miedo a "perder" la libertad, a que lo "lastimen", al "abandono", a no sentirse "suficiente", al rechazo, a enfrentar su vulnerabilidad.

La vergüenza de mostrarse frente a su pareja de compromiso tal cual es motiva a que se ponga una máscara, que, en apariencia los acerca mediante sus cualidades positivas, cuando en realidad mantener la apariencia desgasta y origina que surjan pretextos para alejarse.

En la mayoría de los casos, esta reflexión no se da, sino que el cuento que se crea para justificar esa conducta es que establecemos relaciones menos profundas —a veces tomándolas como un juego y otras afirmando que el amor no existe—, por miedo al compromiso y pensando que la persona indicada no ha llegado o no ha sabido tratarnos.

La persona se siente sobrecargada de demandas cuando no puede *dar*, lo que suele ir acompañado de la imposibilidad de *recibir*, desdeñando, incluso, lo que le dan, pues no puede corresponder de la misma manera. El pensamiento que se genera es más o menos así: "Si yo no puedo *dar*, para qué *recibo*; mejor, entonces, me *quito*", pues no les gusta sentirse en deuda con sus parejas.

Por medio de estos mecanismos procura mantener una "sana lejanía", porque de esta forma construye muros gruesos y pesados para que nadie los pueda traspasar, ni siquiera él o ella misma.

Algunas personas, igual que el avestruz, evitan involucrarse en relaciones en las que intervenga la intimidad; es decir, se aíslan cuando se sienten invadidos, toman distancia en las relaciones, y cuando la necesidad surge, salen a buscar amoríos superficiales.

Este sentimiento de inadecuación o insuficiencia crea un vacío interno que produce ansiedad, y para llenarlo o saciarlo buscan múltiples parejas sin tener el deseo de establecer una relación íntima, pues los llevaría a establecer un vínculo afectivo sin la máscara.

Es común que la persona infiel con estas características se "permita" establecer una relación de compromiso sin que intime, y es probable que la infidelidad se presente al inicio de la relación y que se dé recurrentemente, ya que su incapacidad de entrega no tiene excepciones –del mismo modo aplica a la pareja de compromiso y a las extraparejas–, y en el caso de estas últimas, habría que añadir que al infiel le sirven como muletillas y pretextos para no darse cuenta de su realidad.

## Evasión de la intimidad sexual

No podemos dejar de mencionar que para algunas personas las relaciones sexuales son sinónimo de intimidad, tan es así que se usa la frase "tuvimos intimidad" como sinónimo de relaciones sexuales.

Se cree que mostrar el cuerpo desnudo es amenazador y vergonzoso. A partir de esta idea, la sexualidad se vuelve "ese algo" que preocupa y les impide tener una vida sexual gratificante, aunque en otras áreas sí puedan intimar. En estos casos, sentirse apenados por su cuerpo y no aceptarlo –ya sea por los mitos y las creencias, o por desconocimiento de su sexualidad–, los imposibilita a "abrirse" y gozar a plenitud de su vida sexual por miedo a ser criticados o rechazados por su apariencia física, lo que les causa vergüenza.

La pareja que convive en una relación restringida en el área sexual buscará ser infiel, ya que necesita gozar de una sexualidad menos limitante para entregarse sin restricciones.

## Envío de un mensaje de insatisfacción al otro

Cuando uno de los miembros de la pareja se siente carente de algo, es común que desee que esa parte sea cubierta, sobre todo si no cuenta con las herramientas personales que ayuden a pedirlo, o bien, si la manipulación no surtió el efecto esperado. También puede suceder que la petición hubiera sido expresada directamente y, a pesar de eso, no haya sido atendida o correspondida. En estos casos, los individuos suelen recurrir a los mensajes no verbales, dejando señales y realizando acciones que así lo indiquen.

Una de estas acciones es ser una persona infiel, cuyo objetivo va más encaminado a que su pareja lo intuya o lo suponga, a que en realidad se entere; es decir, esperan una reacción a favor por parte del otro: sentir miedo a perderlo, ceder a sus demandas, ser tomado en cuenta, entre otras. Bajo estas circunstancias de desigualdad, el infiel busca equilibrar sus carencias, empoderarse y elevar su nivel de autoestima con otra relación. Por ello se espera que, a partir del cambio de comportamiento, su pareja de compromiso le otorgue un valor, le muestre admiración y, tal vez, cambie su comportamiento.

## Puente para salir del matrimonio

> *Para salir del castillo, el príncipe necesitaba*
> *cruzar un puente invitante, pero peligroso…*
> *y una vez que lo cruzó,*
> *como si fuera mago, desapareció…*

Normalmente, cuando nos enteramos de que alguien conocido se ha separado a causa de una infidelidad, pensamos que una vez "libre" se unirá con la persona extrapareja, pero, ¡oh, sorpresa!, al pasar el tiempo, "este o esta" sí se une con alguien, aunque por lo común no es con la extrapareja que tenía al momento de su separación, sino con otra persona.

Las relaciones de compromiso están expuestas a una serie de eventos, que, dependiendo de sus circunstancias, pueden unir o separar a la pareja. Si uno de los miembros ya no desea continuar con la relación, puede buscar involucrarse con otra persona (extrapareja) como pretexto para dar el paso, salir del vínculo afectivo o, para amortiguar el duelo y el dolor de la pérdida, algo muy característico de aquellos a quienes no les gusta estar solos y necesitan compañía para transitar de una pareja a otra.

## Venganza contra la infidelidad del cónyuge

Uno de los objetivos de la infidelidad es vengarse de la pareja. La decisión se toma a partir del hecho de que la pareja de compromiso ya tuvo o tiene una relación de extrapareja, lo cual suscita el deseo de querer pagar "con la misma moneda". Una vez que el "vengador/a" forma un triángulo amoroso, propicia situaciones (conscientes o inconscientes), para que la pareja se entere de su infidelidad, lo cual, como se espera, genera crisis.

Hay quienes encuentran una oportunidad en esta situación para restablecer acuerdos y hacer los cambios necesarios dentro de la relación de compromiso, para fortalecerla y crecer en ella, o bien, separarse.

Esta experiencia también puede ser enfrentada como una época mala y dolorosa, que produce cicatrices en ambos, lo cual, en definitiva, no suma nada bueno a la relación.

La persona que es infiel por venganza quiere, por un lado, sentir lo que sintió su pareja de compromiso, y por el otro, busca herirla, sin tomar en cuenta que cada caso de infidelidad es diferente, pues depende de cómo sea el infiel y cómo sea la extrapareja.

## Placer y gozo por disfrutar un encuentro

En la vida, de vez en cuando, se presentan relaciones que podemos disfrutar y gozar por el simple hecho de experimentarlas, saboreando paso a paso la proximidad del encuentro, así como el encuentro en sí mismo. Se guarda un agradable recuerdo, que suele perdurar hasta la siguiente vez que se trae a la memoria. Esta experiencia es percibida por la persona infiel como un regalo que la vida le presenta, y por el cual se siente agradecida. Si bien es probable que durante el proceso surjan cuestionamientos, el disfrute se mantiene y el placer puede incrementarse en comparación con la primera vez.

La persona infiel siente toda una gama de emociones positivas que lo mantienen alerta y con una gran vitalidad. Los infieles lo califican como un recuerdo inolvidable cuando se trata de una extrapareja que le aporta beneficios y crecimiento personal.

Cuando los terapeutas escuchamos este tipo de relatos, nos percatamos de que la persona reconoce el aprendizaje que obtuvo por esa experiencia; por ejemplo, "Me deleitó el sabor de su piel", "No conocía esta parte mía", "Descubrí mi erotismo y mi creatividad", "Me sorprendo de todo lo que aprendo y me gusta", "Es la experiencia más trascendental de mi vida", y más.

Estos testimonios demuestran que en principio la infidelidad no se pretende hacer con dolo, ni busca dañar intencionalmente a su pareja de compromiso; más bien, lo ven como "algo" que quieren vivir individualmente, sin mezclar la condición de vida que llevan ni la "carga" moral que tenga, solo lo hacen con el fin de disfrutar y obtener una experiencia personal. En el proceso, cuidan que su pareja de compromiso no se entere, evitando lastimarla y reduciendo las posibilidades de terminar con aquel plus o regalo de la vida que le produce gozo.

Algunas personas infieles nos cuentan que aman a su pareja de compromiso y que la vida a su lado es agradable; sin embargo, no desvalorizan la oportunidad de amar simultáneamente a otra/otro de diferente forma e intensidad, sin que esto signifique desenamorarse o separarse de su pareja; lo ven como una manera de compartir sus sentimientos con diferentes personas.

Por su condición de libertad, la infidelidad es un terreno fértil para que surja el amor, ya que las personas se entregan sin compromisos, sin más expectativa que la de unirse en un encuentro donde se dejan llevar y fluir por lo que sienten.

Muchos infieles dan fe de que se puede a amar a dos personas al mismo tiempo y que gracias a esto su relación sexual mejora en ambos sentidos.

Es cierto que cuando se ama, se desea el bienestar y el crecimiento del otro. Pensar con adultez y realismo nos ayuda a entender las necesidades de nuestra pareja y a concientizar que muchas de ellas no dependen de uno mismo. Es una utopía que en una relación se pretenda cubrir y estar incluido en todo lo que la pareja de compromiso desea, pueda y quiera experimentar.

## Fuerza para continuar con la pareja de compromiso

> *El mar estaba enfurecido y por un momento se sintió asustado.*
>
> Ernest Hemingway, El viejo y el mar

Cuando la relación de compromiso pasa por momentos difíciles, y la persona siente que la situación que vive rebasará su equilibrio emocional, busca espacio y tiempo para recobrar la fuerza y el poder para continuar y permanecer dentro de ella sin dañarla.

En estos casos puede surgir la persona extrapareja, cuyo rol es de remanso temporal: apoya, apuntala mas no sostiene los problemas del infiel, es como un paréntesis que proporciona un descanso mientras se resuelven los conflictos.

Hacer un alto en el camino en la búsqueda de bienestar puede ayudar a recobrar la energía y el dinamismo perdidos, a explorar soluciones, prevenir ensimismamientos y círculos viciosos o, simplemente, disminuir la pesadumbre que la situación actual le produce. En este sentido, la persona infiel poco se ocupa sobre la infidelidad como tal, su preocupación central reside en la caída que tuvo en su relación de compromiso y la posibilidad que esta nueva relación le da para volver a levantarse con más fuerza y seguridad.

## Crecimiento y ampliación de la sexualidad

Cuando se inicia la vida sexual activa, al cabo de un tiempo de haber tenido una o varias parejas sexuales, se piensa que la experiencia en ese campo ya está adquirida y en pleno crecimiento. Pero si nos detenemos un momento a observarla, nos sorprendería darnos cuenta de que, en algunos casos, solo es genitalizada y mecánica.

En estas circunstancias es probable que la creatividad no se presente, ya sea por impedimento de la pareja en turno, por las condiciones de vida, o bien, por su educación o prejuicios, entre otros factores. La sexualidad para algunas personas está obnubilada, la sienten empobrecida y distante. En relación con la sexualidad, no se ha desarrollado el deseo de querer aprender y experimentar, por lo que el panorama se estrecha. No obstante, algunas veces la persona se percata de que existe algo que desconoce y quiere incrementar sus posibilidades, o sin proponérselo, se le presenta la oportunidad para la apertura.

Esto puede ocurrir a partir de un factor externo (ser una persona infiel, por ejemplo), con el que, probablemente, la persona se cuestiona la manera como ha vivido, expresado, menospreciado, ignorado, e incluso, desperdiciado su sexualidad; en otras palabras, la infidelidad puede proporcionarle un terreno fructífero para el crecimiento y la potencialización de su sexualidad.

## Comprobación de la función sexual

Existen diferentes problemas y disfunciones que pueden afectar el buen funcionamiento y la sexualidad de una pareja.

Usualmente, sus causas no son identificadas por la mayoría de las personas, y en lugar de acudir con uno o varios especialistas, optan por recurrir a todo tipo de soluciones que, en vez de ayudarlos, los confunden más que al principio. Una de estas opciones es, precisamente, ser infiel.

Hay casos en que la persona atraviesa por una etapa donde siente y observa su función sexual disminuida y/o nula, ya sea por una etapa de la vida, la edad, la circunstancia, una disfunción sexual, u otras causas. Esto puede ocasionar que su intensidad o duración en el acto se limiten; es decir, perciben que su cuerpo no responde como antes, que las ganas y los deseos disminuyen, notan que la pareja no busca tener relaciones con la misma frecuencia, y así sucesivamente.

Es probable que la persona que viva esta situación se cuestione y quiera encontrar respuestas a sus preguntas y experimentar con alguien más que no sea su pareja de compromiso. Y así, mediante ensayo y error, comprueba o descarta sus dudas e incertidumbres. Sin embargo, si esto no se resuelve de manera positiva para él/ella, es entonces cuando recurre a un médico o terapeuta como último recurso.

Hay que tomar en cuenta que el tema de la sexualidad es importante para quien lo vive; por tanto, necesita establecer y saber qué o quién es el responsable de lo que le ocurre, ya sea su pareja, él/ella, o incluso, si la responsabilidad es de ambos.

En relación con el tema, es imprescindible subrayar que cuando el/la infiel busca una comprobación de su sexualidad en otra persona, se nulifica y le otorga todo el éxito a esta, sin darse cuenta de lo que aportó para que este resultado se diera. Este camino es una manera de desempoderarse, no responsabilizarse ni hacerse cargo de su sexualidad. Ahora, si la infidelidad hace que la persona se dé cuenta de cuál es su problema y recupera la responsabilidad de su sexualidad, esta le habrá resultado de utilidad para asumir lo que le corresponde (dificultad o disfunción) y tomar acciones propositivas al respecto.

Por lo general los seres humanos queremos soluciones rápidas y generales, sin percatarnos de que la sexualidad de cada individuo es única. Todos tenemos derecho al placer y no debe ser una condición *sine qua non* vivir nuestra sexualidad con vergüenza.

## Variedad en las relaciones sexuales

Algunos hombres y mujeres, por motivos diversos, cambian y tienen relaciones con diferentes personas (extraparejas); los motivos pueden ser: evasión de la intimidad y del enamoramiento, donjuanismo, gusto por la variedad, hiperactividad sexual, competencias de poder con sus iguales, machismo, aburrimiento, curiosidad, miedo a sentirse devorado y/o a la castración, entre otros. Pueden tener más de una extrapareja a la vez o saltar de una persona a otra. Este *modus operandi* es un estilo de vida más que una experiencia particular. No desean profundizar ni descubrir algo dentro de su manera de actuar habitual.

## Validación como persona

Por lo general, la persona infiel maneja su valoración a partir de su relación con la pareja de compromiso; en otras palabras, es la pareja quien la define y, por consecuencia, le entrega su poder, individualidad, valor y autoestima, a veces, hasta como sinónimo mal entendido de lo que es "amor".

Cuando la pareja de compromiso no cumple con esta función, la persona infiel buscará de alguna manera reforzar esa validación, pues en su relación se siente devaluada, ignorada, violentada, humillada, tanto en lo que es como en lo que hace. En esta búsqueda de reafirmación puede surgir la tercera persona como mecanismo de apoyo para lograr el objetivo.

Hay personas que en el pasado fueron seguras, asertivas, decisivas y se vinculan emocionalmente con alguien, que lo primero que hace es despojarlos de su autoestima, logrando que poco a poco se vaya mermando su seguridad.

Estas últimas son personalidades violentas y agresivas, que afectan la valía personal del otro.

La persona que se siente insegura de sus potencialidades está más propensa a vivir una infidelidad, ya que busca o encuentra, sin proponérselo, a "alguien" que pueda devolverle la confianza, otorgarle esa fortaleza que necesita para igualarse, e incluso, superar a su pareja de compromiso. En cuanto a este punto, es importante recalcar que el valor no lo dan ni lo quitan los demás, uno mismo es quien lo otorga, lo eleva o lo devalúa.

## CAPÍTULO 8

# Cómo viven el ser infiel los hombres y las mujeres

*Life is what happens to you while you're busy making other plans.*

*[La vida es lo que te sucede mientras tú estás ocupado haciendo otros planes.]*

*John Lennon*

Cuando en la consulta tanto institucional como privada nos sentamos frente al "otro", frecuentemente escuchamos la frase: "¡Ay, doctora, ¿ahora, qué voy a hacer?! Me es infiel y no sé qué hacer, dígame ¿qué hago?". Aunque el motivo de la consulta haya sido otro, a lo largo de los años hemos observado este fenómeno, tanto en hombres como en mujeres. El impacto de la infidelidad trastoca vidas y las cambia radicalmente. El sentimiento oscila entre la tristeza y el enojo. Se colocan en el papel de víctimas frente a la pareja de compromiso, a su familia, a su familia de origen, e incluso frente a la familia política. Otro tipo de pacientes, durante el proceso terapéutico sacan a la luz culpas y dudas por haber tenido una extrapareja o por haberla dejado, añoran la presencia de esa otra persona y sufren su ausencia hasta sentirse deprimidos. En la terapia de pareja se puede apreciar cómo el fantasma de la infidelidad ronda la relación, haya sido cierto o no el evento.

El estudio cuyos resultados presentamos en este libro no tiene la verdad absoluta, simplemente muestra una colección de vivencias, experiencias y sentimientos de las personas infieles. Nuestra intención no es aprobar ni reprobar, buscamos brindar la información que poseemos. No fomentamos ni condenamos, solo referimos el fenómeno tal cual nos lo han compartido los pacientes y todos aquellos que han confiado y honrado esa parte tan íntima e importante de su vida, como es la infidelidad. Con profundo respeto compartimos lo que muchas personas nos expresaron.

A lo largo de los años, hombres y mujeres nos hemos empeñado en marcar diferencias para dar paso a la desigualdad y de ahí iniciar los procesos que ambos tienen, poniéndoles un nombre y señalándolos con un dedo acusador, en vez de aprender de la diversidad. Pocas veces nos ocupamos en vernos como géneros disímiles, que comparten algunas similitudes y que pueden encontrar una vía de contacto, reconociendo las afinidades para disfrutar.

La historia nos ha demostrado que a partir de las diferencias se supera la humanidad. Con hechos contundentes se comprobó que no es igual unirse en pareja entre familiares consanguíneos, que con los que no pertenecen al mismo sistema familiar. Antes de ellos, fue la naturaleza quien respondió con alteraciones genéticas. Es conocido que un sistema que no se abre a lo diferente, muere.

## SIMILITUDES Y DIFERENCIAS EN LA INFIDELIDAD DE HOMBRES Y MUJERES

En una infidelidad en ambos géneros, existen muchas similitudes y diferencias entre las situaciones y los sentimientos que se viven y experimentan. En cada caso presentamos lo que distintas personas infieles nos dejaron al respecto.

### Fuerte atracción

> No sé qué es lo que tiene, bonita no es, a lo mejor es su forma de vestir, pero siento que cada vez que estoy cerca de ella, me la quiero coger o al menos tocarla; y cuando estoy de vacaciones siento que quiero correr hacia allá, sin importar lo lejos que esté.

En este caso, el infiel puede vivir la experiencia como un fuerte deseo de acercamiento y, al mismo tiempo, sentir temor por el rechazo, la cercanía, la vinculación que mantiene con esa persona, o por su actual relación de compromiso. La disyuntiva para tomar la decisión suele ser fuerte; constantemente se cuestiona el paso que se desea dar y se presentan las dudas. En ese momento, las circunstancias son variables y depende mucho de lo que se podría ganar o perder si se decide a dar el salto.

La atracción surge con fuerza y, como un imán, va dirigida hacia alguien; la energía fluye a través de la persona y se conecta con la otra. Las personas no tienen que sentirse atraídas por lo físico solamente, existen atracciones que van de lo emocional hasta lo sexual.

Cuando se está seguro de dar el paso para iniciar la relación de infidelidad, basada en la atracción, el disfrute es grande pues se cumplen los deseos acumulados. Desde el punto de vista energético, la energía de la persona infiel se canaliza y convierte en fuerza de atracción, comienza a correr y esparcirse por su cuerpo, despertando sensaciones y emociones de excitación y convirtiéndose en una conducta motora de extensión, que es la generadora del movimiento.

Muchas personas describen la emoción interna con la famosa frase "Siento mariposas en el estómago cuando lo(a) veo". Dicha frase hace referencia a esa energía que se produce al ver a la persona. Bajo estas circunstancias, la energía emana por todo el cuerpo, acompañada de respiraciones aceleradas que ayudan a que el flujo sanguíneo también se acelere; en general todo esto es ansiedad. En este caso, la respuesta corporal puede presentar algunas de estas características: rubor, nerviosismo, sudoración, intranquilidad, excitación, calor, inspiración profunda (suspiro), etcétera. En cuanto a la respuesta del pensamiento aparece: aislacionismo, ensimismamamiento, confusión de ideas por el disfrute, necesidad de disimular, creatividad, y más. Y en el campo de las emociones tenemos: excitación, alegría, sensación de bienestar, entre otras.

Si consideramos todo lo anterior, comprenderemos que la respuesta a dicha atracción es evidente, pero cuando el infiel es consciente de ser una persona comprometida, se detiene y trata de controlar las expresiones de su cuerpo y sus deseos. Las emociones son contenidas, no pueden ser expresadas con la gente que lo rodea, pues una de las características de la infidelidad es el secreto. Ante esto, el infiel reprime su energía corporal, sin que se interrumpa su fluir; la sensación de ansiedad se mantiene largo tiempo, aun después del evento; la carga es mayor cuando al estar con su pareja de compromiso, se tiene que ocultar; entonces se presenta inhibición, ensimismamiento y aislacionismo, pues no puede mostrarlo abiertamente. Esta fuerza se percibe como un magnetismo que arrastra hacia el otro y no se detiene. Lo anterior se presenta tanto en hombres como en mujeres, sin diferencias.

## Placer sexual

> *Yo no tengo ningún tipo de vicio, no fumo, casi no tomo, me desvelo poco, pero lo único que me da placer y a lo que es difícil negarme es el buen sexo.*

Cuando la infidelidad implica la práctica sexual, las personas infieles reportan esta actividad como gratificante, porque se experimenta el placer por el placer mismo. Puede o no estar con la otra persona, puede o no intimar con ella, lo importante es el disfrute del placer sexual. Al final del encuentro queda la satisfacción, el esbozo de una sonrisa y la remembranza del momento que se disfrutó.

Es cierto que el placer brinda alegría y satisfacción, proporciona un beneficio y cumple una necesidad. Nuestra cultura promueve rendirse al dolor, pero ¿es posible rendirse al placer? Veamos.

## Gozo

> *Cuando lo veo me doy cuenta de que siento mariposas en el estómago. Disfruto ese momento, es una delicia estar con él, me encanta.*

Cuando goza, la persona infiel experimenta suaves y gratas emociones, disfruta estar con alguien. En este punto es muy importante lo emocional por las sensaciones positivas que aporta la compañía de otra persona. La presencia es importante, se disfruta el momento y el encuentro se vuelve emocionante, tanto por lo que viven juntos como por lo que se espera que vuelva a suceder.

## Aumento de autoestima

*Nadie me hace sentir tan grande como ella.*

La pareja juega un papel relevante en el aumento o la disminución de la autoestima. Cuando en una relación estable uno de sus integrantes se siente devaluado, es necesario un comentario positivo de alguien externo para engancharse, acercarse y dejarse seducir por esas pequeñas dosis de halago y aceptación. Sentir que se le toma en cuenta, se le admira, se disfruta de su compañía y de su aspecto, es agradable. Este tipo de demostraciones y actitudes influyen y enriquecen a las personas, hasta llegar al punto de hacerlo evidente por medio de su buen humor y cambio de expresión facial.

El infiel siente que obtiene todos estos atributos gracias a la extrapareja. Cree que el valor lo da y está subordinado a otros, cuando en realidad es algo que nos pertenece. De nosotros mismos depende otorgarlo o dar el permiso para ser despojado de él.

## Sensación de deleite por la expectativa

*A medida que se acerca el momento de la cita, son tantas mis ganas de verlo, que siento un hueco en el estómago. He saboreado, en mi mente, tantas veces ese momento, que temo no poder detenerme.*

El preámbulo que antecede al encuentro es esa agradable espera que, conforme pasa el tiempo, va en aumento. La espera es acompañada de fantasías y sensaciones agradables (alegría, ansiedad, taquicardia, hueco en el estómago, excitación, erotización, distracciones constantes, falta de atención, ensoñación, etcétera) que, por lo general, perduran, pues se acumulan hasta que el encuentro se dé, sea como lo imaginamos o no.

Muchos pacientes han expresado esas experiencias como un deleite, como un disfrute de la expectativa del momento de estar con otro, y degustan poco a poco la imagen como si fuera un excelente platillo.

## Amplitud y variación de la sexualidad

*Con mis amantes conocí lo que es el sexo. Imagínense que hasta de arena y pétalos me llenan la cama.*

Es común que hombres y mujeres que están en una relación de extrapareja busquen, de manera consciente, ese extra que le falta a su vida sexual. Cuando esto ocurre, el infiel se siente atraído por experimentar cosas diferentes y encuentra nuevos horizontes en esta área a través de la información, formal o no, dándose la oportunidad de compartir y hacer realidad sus fantasías, las que, aunadas a la creatividad y disponibilidad de la extrapareja, ayudan a ampliar su conocimiento en todo lo relacionado con su sexualidad.

Este tipo de infidelidades se deben a varias razones; las dos principales son: que su pareja de compromiso no desea participar de la amplitud y variación sexuales, y que la persona infiel no quiere experimentar sexualmente con su pareja de compromiso. Esto no es más que un reflejo del tipo de relación que se establece al distribuir los roles: padre-hija, madre-hijo, proveedor-administradora, proveedor-madre de sus hijos, pasivo-activo, padre-madre, entre otros.

La mayor parte del tiempo nos encasillamos en roles parentales que, al sumarse al desconocimiento sobre la sexualidad, limitan nuestro crecimiento personal. Es común que la persona infiel piense que llevar un rol no le da la oportunidad de vivir a plenitud su condición de hombre/mujer; por ello, al encontrarse con una extrapareja, se deja llevar por un sentimiento de autorrealización y autodescubrimiento, que explaya con madurez. Lo anterior tiene repercusiones en otras áreas, aunque estas personas siempre reportan que sienten mayor estabilidad interna, aceptación de su propio cuerpo, flexibilidad y expansión en el área sexual.

## Oportunidad de vivir una experiencia amorosa

*Mis amigos me dicen que estoy enculado, que no deje a mi familia, peso yo en realidad la amo y no quiero perderla. ¿Qué hago?*

Si una relación de compromiso está en conflicto y los miembros de la pareja ven que todos sus recursos se han agotado sin resultados favorables, pueden pensar que el amor que los unía se ha debilitado. Sin embargo, hay quienes creen que separarse no es una opción, y al presentarse la oportunidad de vivir una experiencia amorosa paralela, la toman. En estos casos, no se puede especificar el resultado, ya que cada uno lo experimenta de manera diferente. Muchas parejas no se constituyen con base en el amor, sino en otro tipo de intereses personales y, por consiguiente, el amor queda en un segundo plano.

Una experiencia amorosa se puede dividir en enamoramiento y/o amor. Durante el enamoramiento la persona infiel se siente deslumbrada, carente de cordura, "enculada", emocionada; quiere devorarse el mundo, reviviendo, a veces, parte de su adolescencia, en la cual, por lo general, se le da más importancia a lo que se siente que a lo que se piensa y se debe hacer. Ahora bien, si en una infidelidad se presenta el amor, el sentimiento es indescriptible. Se ama y punto. La idea del amor es personal, cualquier definición o descripción sería injusta.

## Fuente de juventud

> Cómo dejarla si desde que estoy con ella mi vida ha cambiado; tengo ganas de todo, me siento rejuvenecido. Estoy vivo.

Esta frase nos conecta con un hombre maduro que busca jovencitas para sentirse renovado. A lo largo de este libro hemos tratado de derrumbar viejas creencias y sustentar creencias que se distorsionan y se malinterpretan. Al hablar de la fuente de juventud, nos referimos a hombres o mujeres maduros que van en búsqueda de gente joven, de un estado de ánimo y una condición personal que suelen revivir y descubrir junto a la extrapareja. En compañía de estos, el infiel recupera sus ganas de vivir, se energetiza y se reconecta con todas aquellas emociones que experimentaron en su juventud y que perdieron poco a poco.

Llegar a un momento de calma en la vida y estancarse en ella son cosas diferentes. La sociedad y la familia culturizan a los jóvenes, hasta el punto en que "deben detenerse y sentar cabeza". Esta creencia llega a ser tan fuerte, que a veces se puede terminar en una severa depresión, ya que no se le permite al adulto actuar de forma espontánea, sino que siempre debe pensar en función del bienestar de los demás. Con el tiempo y de manera progresiva, esto conlleva a que se reste importancia a los intereses personales, a tal punto, que la persona se perciba gris, apagada, desmotivada, carente de sensibilidad y energía, que sienta no hay más en la vida para él o ella, etcétera. Luego, se cruza en el camino alguien con quien comparte una nueva sensación de libertad y, milagrosamente, siente que es como un elíxir, algo que tenía en su vida y que había perdido tiempo atrás. Ese sentimiento de recuperación le inyecta vitalidad y juventud.

Cuando las personas infieles se encuentran con una extrapareja que les provee ánimo y empuje –no tiene que ser más joven necesariamente, sino tener jovialidad–, les ofrece mayor apertura para ver y disfrutar la vida y todo aquello que los rodea.

## Poder

> Bueno, anduve con una mujer con la cual, por fin, yo no me sentía como un burro de carga. A partir de ahí dejé de serlo. Todavía me acuerdo de cómo se interesaba en mí como persona.

Las parejas pueden relacionarse por ejes de poder: dominado-dominador, víctima-victimario, rico-pobre, controlador-controlado, entre otros. Hay ocasiones en las que uno de los miembros siente que puede perder al otro y empieza a ceder en una serie de cosas, por miedo o por falta de capacidad para negociarlas. Esa inseguridad, a veces, nos hace ceder y otorgar poder a nuestra pareja.

Cuando una de estas personas encuentra una extrapareja que le refleje cosas positivas, en automático modifica la percepción de sí misma y de los demás, empoderamiento que es exitoso al aplicarlo.

El empoderamiento obtenido gracias a una extrapareja nivela el desbalance que existe en su relación de compromiso, o bien, lo aumenta y le da poderío de manera individual, al punto de pensar que con su secreto (la extrapareja) puede estar por encima de la pareja de compromiso. En otras palabras, se genera una sensación de grandeza, de "sí puedo", de que el otro estaba equivocado, de perder el interés por su pareja y ganarlo por su persona. Se utiliza como un mecanismo de equilibrio en una relación desigual.

## Éxtasis

> No sé exactamente lo qué paso, esa noche, no sé explicarlo, pero sentí que éramos uno solo y tocábamos el cielo. Desde ese momento supe que experimentar el mundo es ya, para mí, otra cosa.

Los momentos sublimes son experiencias que algunos seres humanos han tenido oportunidad de vivir y conocer. Hay personas que opinan que el sexo es uno de esos factores que pueden ponernos en contacto con lo sublime, ya que mientras hacemos el amor, o después de ello, podemos sentir la plenitud total y una renovación en nuestras vidas.

Si esto sucede con la extrapareja, la persona infiel lo comenta como un éxtasis, es decir, como una experiencia trascendental que le da impulso y valor para iniciar una nueva vida; es como una fuente de poder y un nuevo conocimiento; en pocas palabras, se convierte en un parteaguas en su vida.

## TESTIMONIOS MÁS FRECUENTES EN MUJERES

## Permisibilidad de apertura de su sexualidad sin cuestionamientos

> Fue entonces cuando descubrí y gocé de la sexualidad, qué lástima por el tiempo perdido.

La sociedad cuestiona el aprendizaje sexual de la mujer. Se tiene el mito de que la sexualidad femenina se aprende mediante las relaciones con diferentes hombres y que cuanto más "sabe" una mujer en el ámbito sexual, es más "ligera de cascos". Por este motivo, la mujer tiende a volverse más pasiva a la hora de emparejarse y cede a las exigencias sexuales del marido.

Sus fantasías y deseos son cuestionados y, por ende, reprimidos. Por ello se limita a participar de aquellas prácticas permitidas y que él le "ha enseñado".

Cuando una mujer es infiel, la extrapareja no hace juicios de valor sobre las experiencias previas de su sexualidad, más aún, propone un terreno fértil para enriquecerlas; por ello las mujeres infieles tienen un alto grado de aprendizaje, autoconocimiento y disfrute sexual en la infidelidad.

## Mayor involucramiento emocional

*Yo no esperaba ni quería enamorarme, pero sucedió.*

A diferencia de los hombres, en sus relatos, la mayoría de las mujeres infieles manifiestan, que, al vincularse con una extrapareja, no solo lo hacen desde un plano sexual, sino que intervienen en ellas los sentimientos y las emociones que les hace sentir esa persona. Esto se presenta por la educación familiar que recibieron desde pequeñas, que liga al sexo con el amor y se extiende a lo social, ya que una lleva a la otra.

Siendo así, muchas relaciones de extrapareja pueden crear un conflicto de intereses, al confrontarse lo aprendido en el seno familiar con lo que se siente y se desea, o bien, por una parte se quiere "estar" con esa persona, y por la otra, se cuestionan al descubrir "cierta" aversión o no por su pareja de compromiso.

Quizás, al inicio la relación no se entable dentro del marco emocional; puede ocurrir tan lentamente que, sin darse cuenta y sin ser la intención, poco a poco pasen de un plano al otro. Sin embargo, esto no descarta que existan mujeres que únicamente se involucren sexualmente.

## Mantiene la experiencia en silencio

*Duré con él cinco años, hasta mi marido falleció, y esta es la primera vez que lo cuento.*

Por lo descrito arriba, y por varias razones más, la infidelidad femenina suele silenciarse y mantenerse herméticamente en lo oculto; no lo comparten ni con sus iguales, ni con su familia de origen. Esto tiene que ver con la creencia de que la mujer es la que transmite los valores a los hijos. Una mujer infiel es señalada, tanto por hombres como mujeres, siendo estas últimas las más duras, inflexibles y envidiosas a la hora de enjuiciar, señalar y exponer a las infieles ante la familia y la sociedad.

Ante esta respuesta del medio que las rodea, las infieles buscan a toda costa mantener sus relaciones extrapareja en absoluto secreto.

## TESTIMONIOS MÁS FRECUENTES EN HOMBRES

### Afirmación de su hombría

> *Yo me siento a gusto con las dos, y a veces, ¿por qué no?, cuando se presenta la ocasión, estoy con una tercera.*

En los hombres también existen mitos; uno de ellos es pensar que "eres más hombre, dependiendo del número de mujeres que tengas". Por tanto, ser infiel reafirma esta creencia, así como también "la hombría".

Normalmente el infiel cree que la infidelidad proporciona éxito, poder y envidia de otros hombres, pues está ligada a su capacidad de tener y retener mujeres. Desde la perspectiva social, se confunden los conceptos de masculinidad, virilidad y machismo. En nuestra cultura "el más macho" es aquel que tenga y posea más mujeres, y un mayor potencial sexual, lo que reafirma doblemente su hombría.

### Posibilidad de contarlo a sus iguales

> *La mayoría de mis amigos, algunos de mis primos y hermanos son infieles, bromean y se ríen, pero para mí contar que tengo algo con ella, no es tan fácil.*

A muchos hombres, la infidelidad les proporciona seguridad. Además, cuentan con el apoyo de sus iguales al momento de abrirse y comentar sus experiencias, ya que estos, por lo general, no actúan como mojigatos ni buscarán que vuelva sobre sus propios pasos; todo lo contrario, lo animarán y escucharán con atención su relato. En caso contrario, tal vez no lo alienten, pero tampoco le reprocharán nada.

Hay casos en que el infiel es capaz de aumentar y exagerar las relaciones con sus extraparejas, y en otras, puede inventar una relación para conseguir pertenecer a algún grupo o ser reconocido por sus congéneres.

Asimismo, están los hombres que poseen otra visión de la vida. El infiel sabe bien con quién sí y con quién no, y en dónde contar sus experiencias para ser aplaudido. Para ellos no es como tirar una moneda al aire, sino que existe la garantía de que no serán enjuiciados, señalados y, mucho menos, ventilados por su mismo género.

## Doble moral

> No sé qué hacer, doctoras. Ustedes que le saben a esto, díganme ¿qué le digo al cabrón de mi yerno, porque ayer que salía yo del motel con una señorita, me lo topé en la entrada, ¡ya ni la amuela! Engañándola estando recién casados, yo siquiera me esperé unos añitos, no que él...

En el hombre todavía persiste la doble moral, es decir, presentan una cara frente a la familia actual, la familia de origen, la familia política y gente cercana a ellos (aparentando ser lo que no son en el aspecto moral); asimismo, realizan actos que no se atreverían a reconocer frente a sus familiares, exponiendo una moral permisiva que es aplicable para su persona, pero que es motivo de descalificativos en otros.

## Apoyo de una sociedad que lo tolera y lo justifica

> Y mi suegra me dijo: "Pero ¿para qué te preocupas, mi'jita, si su padre fue así? Si te da el gasto y te cumple, ¿para qué te preocupas? Lo caliente nunca se le va a quitar, todos los hombre son iguales, pos, ¿que no sabes?"

Los mitos acerca de la sexualidad masculina han fomentado este tipo de creencias de que el hombre no puede controlar sus instintos sexuales, y desde la familia de origen hasta el entorno social, apoyan, fomentan y aplauden dicha acción. No se dan cuenta de que al solapar estas conductas —directa o indirectamente—, contribuyen con el abuso sexual a menores y la violación, sin dejar de lado —y siendo igual de relevantes— la frustración y agresión que vive su pareja de compromiso a causa de esta complicidad.

Por lo anterior, algunos hombres infieles se sienten acogidos y apapachados por sus familias, restándole importancia a las mujeres en su vida y haciendo de esta experiencia algo poco significativo para convertirlo en cotidiano.

## CAPÍTULO 9

# Cómo sufren el ser infieles hombres y mujeres

*El hombre prefiere, a veces, el sufrimiento a la pasión.*

Fedor Dostoievski

Como muchas otras experiencias de la vida, ser una persona infiel tiene una parte agradable y otra desagradable, aunque esta última a veces no es evidente. Cada persona es la única que pueden saber con seguridad qué sentimientos genera en ella la infidelidad. Algunos la viven sin percatarse del desagrado, ya que lo reprimen, lo niegan, lo inhiben, lo suprimen o ni siquiera se dan cuenta de él. Tanto los hombres como las mujeres infieles se enfrentan a emociones y sensaciones negativas que tarde o temprano salen a flote. Las emociones primarias no se pueden ignorar porque provocan sensaciones corporales –acompañadas de claros indicios físicos– relacionadas con lo que sentimos.

Al entablar un vínculo sexoafectivo, se experimentan diversas emociones, conscientes o inconscientes, que algunas veces pueden percibirse de manera negativa: miedo, vergüenza y dolor. Estas emociones son indispensables para nuestro funcionamiento integral; sin embargo, cuando rebasan su función autorreguladora, sostienen un pensamiento perjudicial que no evoluciona. Resistirse a ello causa un sufrimiento constante.

En múltiples terapias hemos compartido con nuestros consultantes que es imposible no sentir dolor por algunos eventos de la vida, y que este dolor incluso puede identificarse en el cuerpo. Lo contrario sucede con el sufrimiento, puesto que este depende de la recurrencia de un pensamiento negativo, que suele despojar a la persona del impulso para moverse, por lo que se resiste y, por consiguiente, persiste. La decisión que se toma frente a uno o varios acontecimientos es una elección. Si hay situaciones en las que el dolor es inevitable, el sufrimiento no lo es.

Algunos asumen su vida desde la perspectiva del sufrimiento; incluso, a la hora de ser infieles, muy probablemente también sufrirán. Encontrarán la manera de sentir culpabilidad, vergüenza y desvalorización. No es la infidelidad en sí misma la que los coloca en esta posición, sino el significado que le dan y la manera de vivirla.

Es importante aclarar que nos instalamos en el sufrimiento cuando la mayoría de nuestros actos están fundamentados en pensamientos negativos. Sentirse malos, culpables o víctimas por ser infieles, más que actuar como un acto de conciencia y responsabilidad de sus acciones, los instala en el mismo patrón de conducta dentro del "cuento de su vida"; ahí no importa ni el escenario ni los actores, pues siempre se repite su papel en la historia. En otras palabras, los infieles no viven la experiencia desde la libertad de elección, sino desde una profecía autocumplidora en la que el resultado siempre es el mismo: son individuos que se pasan la vida culpando a los demás por sus acciones, y a sí mismos por no actuar, elegir o reaccionar. Esto es una vida predeterminada por algo o por alguien. La vida "los vive" y ellos se dejan guiar como si no tuvieran voluntad, sin percatarse de sus beneficios.

## SEMEJANZAS EN EL SUFRIMIENTO DE AMBOS GÉNEROS

> *No crea usted que esto de tener dos parejas me gusta, creo que me la paso más tiempo sufriendo que gozando, y en ocasiones me siento desgastado. Solo porque me gusta tanto, sigo con ella.*

Sin importar el género o la preferencia sexual, la manera en que las distintas personas viven su infidelidad, tienen múltiples semejanzas. Los atributos negativos de esta experiencia se deben a diversas dificultades, que, en lugar de aportar autoconocimiento a su vida, los desgastan, los inmovilizan y los instalan en el rol de víctima.

Estas semejanzas no nos sirven para caracterizar a un individuo por completo, pero sí nos ayudan a acercarnos y a entender qué les pasa. En lo que dicen y, sobre todo, en lo que no dicen hay muchas claves y su lenguaje no verbal también nos da indicios.

## Miedo a ser descubierto

> *Cuando estoy en un restaurante con él, siento que en cualquier momento alguien conocido va a entrar; a veces, ni la comida disfruto.*

Las personas infieles que no quieren ser descubiertas por sus parejas, sienten miedo a que estas se enteren, por lo que son capaces de realizar cualquier tipo de artimañas para evitarlo. Algunos de los detonantes de este miedo son temer la reacción de su pareja, perder a la persona o algún privilegio, ser descubierta, revelar el secreto, perder la relación paralela, entre otros.

El temor impide al infiel disfrutar los encuentros con la extrapareja, pues físicamente está con ella pero todo el tiempo se cuida del entorno; a veces se siente distraído, como si no quisiera estar ahí. En terapia constantemente comentan la posibilidad de ser descubiertos, por lo cual se generan discusiones con la extrapareja, con las que se escapa el placer de estar juntos y se pierde la oportunidad del momento.

Por lo que respecta al lugar de la cita, este tiene cierto grado de inseguridad, pues quedan expuestos. Su miedo inminente es producto de las probabilidades reales de ser vistos por alguien conocido de alguno o de ambos.

## Miedo al abandono

> *Si se entera mi esposa, seguro me deja. Yo no quiero perderla ni terminar con ella.*

En este caso, los infieles, más que expresar el miedo a ser abandonados, lo vislumbran y sienten desde el inconsciente, manifestándolo mediante una ansiedad anticipada por la posible pérdida de una o ambas relaciones. Eso los lleva a hacer contacto con su soledad. Intentar controlar el entorno para que no los abandonen hace que se desgasten, sobre todo, a nivel energético. Por tanto, cualquier evento que implique un probable abandono los hace reaccionar con enojo irracional, aun si este carece de relevancia. La tristeza, la incertidumbre y el deseo de amortiguar su carencia los lleva al cuestionamiento excesivo, tanto con ellos mismos como con sus parejas (quieren saber si son queridos o no); esto los hace demandar atención y tiempo de manera desmedida. Tales respuestas provocan inconformidad en su pareja, manifestada como fastidio, enojo, saturación, lo que debilita la relación y, por tanto, confirma su presentimiento: es abandonado.

En la bioenergética se definen los tipos de personalidad y sus características, entre las que destacan el miedo al abandono. Por ejemplo, cuando un individuo es abandonado de manera física o emocional en su infancia por su padre, madre u otras figuras importantes; esto marca significativamente su vida adulta y se refleja en sus temores. Por tanto, el miedo al abandono es una constante a lo largo de su vida, que tiene manifestaciones mentales como "primero yo abandono, antes de que me abandonen", para después cumplir la predicción.

El abandono se da a partir de las acciones y actitudes hacia la pareja. El miedo se vuelve una constante y la angustia se acrecienta por no sentirse apreciado por las personas que le interesan. En pocas palabras, aparenta ser un adulto independiente cuando en realidad no lo es. Llegado el momento de vivir una infidelidad, el temor se expande con la posibilidad de que sus miedos se cumplan, tanto con la pareja como con la extrapareja, ¿y cómo no?, si sus acciones lo empujan a ser abandonado. Asimismo, esas acciones son un reflejo de su inseguridad; no se siente merecedor y el mensaje que emite es de autodevaluación, sobre todo, cuando quiere controlar su entorno con actitudes infantiles, desde manipulaciones hasta enojos sin razón.

## Culpa

> *Si tan solo pudiera arrancarme este sentimiento de culpa que, no le miento, me está matando.*

La culpa lleva implícita una acusación, o sea, se formula cuando alguien señala nuestra falla, porque sabemos que con nuestras acciones afectamos a otra persona, pero sin desear conscientemente que este acto la dañe.[23]

Las personas exigentes consigo mismas también lo son con su entorno; buscan la perfección personal, señalan los errores de los demás, piensan que nadie puede hacer las cosas mejor que ellos, devalúan los actos de los otros y manipulan al resto de la gente para que actúen a su conveniencia. Para que alguien sea culpable se necesita haber transgredido una norma, explícita o implícita, clara o ambigua.

Desde pequeños nos enseñan a obedecer a las figuras de autoridad y, si no lo hacemos, a instalarnos en el terreno de la culpa y la desaprobación. El culpado real o imaginario es el guardián de las reglas, es el fiscal; su posición es inamovible y se encarga de aumentar la rigidez de las normas de conducta, de no permitir su flexibilidad ni su comprensión. El culpador se coloca como una persona intachable e incapaz de cometer ningún tipo de transgresión. Esto lo posiciona peldaños arriba del culpable, donde controla su desempeño en la relación y, por lo general, su bondad es inalcanzable, se siente el personaje inocente. Su motor es el miedo.

La culpa pone en extremos opuestos al culpado y al culpable, aunque ambos son muy cercanos por el hecho de tener una baja autoestima.[24] En algunas personas la culpa juega un papel importante, debido a los introyectos que cada quien tiene respecto a la sexualidad.

## Remordimiento

*Me pesa saber que le estoy haciendo daño, aunque nunca se entere.*

A diferencia de la culpa, para el infiel el remordimiento es una autocondena, una sensación contra sí mismo. Siente que hizo algo malo, tal vez conozca el daño que sus acciones causan, la violencia del acto mismo o la humillación que alguien podría sentir por su manera de obrar. Sufre, se inquieta y le pesa internamente. Se señala negativamente y esta actitud,

---

[23] Véase cita comentada de Jorge Bucay en la Bibliografía.
[24] Véase cita comentada de Jorge Bucay en la Bibliografía.

en apariencia, no depende de opiniones ajenas. Los infieles suponen que dañan con sus malas acciones y que no son dignos de ver a los ojos a la persona ofendida.

Por lo general, quienes sienten remordimiento tienen cierto grado de conciencia o escrúpulos; es posible que sí les importe, les pese y les perturbe el agravio cometido. En la persona infiel este remordimiento suele ser pasajero y tiende a reincidir.

## Cambio de actitudes o servilismo hacia la pareja por culpa

> *Sí soy infiel pero, a cambio hago todo lo que quiere y manda.*

Cuando las personas infieles sienten que no han podido cumplir con las demandas y expectativas del otro (en cuanto a la exclusividad por lo menos), empiezan a realizar actividades compensatorias, desde la amabilidad y condescendencia hasta el servilismo y la sumisión, pues creen que faltaron a un código y quieren retribuirlo de alguna manera. Tal vez la pareja de compromiso no esté enterada de la falta, pero aun así, la persona infiel siente la necesidad de resarcir su ofensa.

## Miedo al chantaje

> *O se lo dices tú o se lo digo yo, tú escoge.*

Los miembros de la relación paralela son quienes tienen la certeza de la existencia de esta; por tanto, es un secreto resguardado por ellos. Sin embargo, a veces la extrapareja chantajea al otro con amenazas de revelar el secreto para obtener una ganancia. El miedo al chantaje se presenta más cuando uno de ellos tiene una pareja estable y el otro no.

Puede suponerse que una relación de infidelidad resulta más exitosa cuanto menos diferencias haya entre las partes. La simetría produce equilibrio.

También es posible que alguien externo a la triada intimide a los infieles. Causa miedo pensar que pueda revelar o pedir algo a cambio de su silencio. En estos casos, quien saca provecho de la situación es la persona externa, quien provoca ansiedad en los involucrados.

## Fuerte presión de elección

> *Lo peor del caso es que tengo el tiempo contado para decidirme.*

Por razones obvias, las personas infieles no pueden controlar todas las variables en una infidelidad, ya que, una vez que se desarrolla, puede seguir un curso imprevisto. Esto hace que, en ocasiones, las partes se vean forzadas a decidir sobre el rumbo de su vida. Esta decisión no necesariamente es en función de alguna presión externa, también puede surgir de la necesidad interna del infiel de definir su vida.

Cuando las personas están presionadas, sienten que cualquier decisión que tomen no será la mejor ni la correcta. Ante esto, los infieles reportan un estado constante de intranquilidad porque no cuentan con la suficiente claridad para poder elegir y se sumergen en la tristeza por la anticipación de la pérdida.

## Confusión de sentimientos

> *Si tan solo tuviera claro qué es lo que siento por él…*

Hay pacientes que sienten un torbellino de sensaciones y emociones que no logran descifrar, que en ocasiones reprimen y en otras, exaltan con tal intensidad, que creen que ya no pueden más. Se perciben desbordados de manera descomunal y desordenada, entran en caos y confusión, al punto de enfermarse. La información que reciben del medio ambiente está revuelta y para ellos es difícil separarla. Algunos necesitan un "tiempo fuera" en sus relaciones, pero esto muchas veces es imposible porque no están en condiciones de tomar decisiones y pueden instalarse en un enredo indefinido, esperando a que "algo" externo suceda y les resuelva el desorden. De no suceder así, es probable que vivan en un continuo tormento.

## ¿Aumentar o eludir la intimidad con la pareja de compromiso?

> *Trato de estar el menor tiempo en mi casa ya que siento que de esta manera puedo eludir la mirada de mi mujer. De un tiempo para acá no puedo mirarla a los ojos.*

Como explicamos, la intimidad es un componente importante en la relación de pareja de compromiso. Cuando se presenta una extrapareja, la persona infiel puede optar por aumentar el acercamiento con su pareja de compromiso –lo cual a veces resulta complicado, pues no se siente cómodo sabiendo que tiene otra relación–, o bien, eludir la intimidad por el mismo motivo.

Hay quien nos ha compartido sentir vergüenza y no poder sostener la mirada de su pareja de compromiso, después de haber participado en un encuentro amoroso con otra persona. Sin embargo, en algunos casos se sostiene que tener una extrapareja hace que el infiel se ocupe más de la intimidad con su pareja de compromiso para evitar que lo descubran. De cualquier forma, en ambos casos, el infiel padece al estar envuelto en el dilema de decidir entre las dos opciones.

## ¿Evadir o incrementar el sexo con la pareja?

> *Como sexólogas, por favor recomiéndenme qué hacer respecto a tener sexo con mi marido. Él cree que hacerlo no me gusta mucho y puedo evitarlo a veces, pero también siento que si me niego del todo, puede sospechar que me estoy viendo con alguien.*

Algunas personas que optan por involucrarse sexualmente con otra persona se encuentran en una disyuntiva, por lo general dolorosa, a la hora de decidir cómo proceder con su pareja estable en este aspecto. A algunos les resulta incómodo tener dos relaciones paralelas, por lo que recurren a una serie de evasiones para distanciarse de su pareja de compromiso; otros, por el contrario, llevan una vida sexual activa con varias personas a la vez, lo que es más complicado que excitante, ya que dedican más tiempo a elaborar estrategias de secreto que a disfrutar sus relaciones. Otros incrementan el sexo con sus parejas de compromiso por miedo a ser descubiertos más que por ganas de hacerlo, lo que los lleva a realizar el acto de manera forzada y con enojo.

La manera de encarar la sexualidad varía de una persona a otra, lo cual pudiera producir angustia, cuestionamientos y comparaciones de la sexualidad de cada pareja. Constantemente surgen controversias sobre dónde quieren o deben estar realmente. Este involucramiento corporal convierte la vivencia en una fuente constante de sufrimiento, ya que los infieles de este tipo no tienen una postura personal en cuanto a la sexualidad, solo la practican a partir de creencias que se contraponen y los atormentan (puedo, pero no debo; es mal visto, pero me hace feliz; quiero, pero no quiero, y otras).

## Sufrimiento por tener sexo con la extrapareja

> *No crea, me cuesta trabajo decidirme a tener relaciones sexuales con alguien más, ya estoy grande y no me gusta mi cuerpo, qué tal que la riego llevándola a la cama y su viejo es mejor que yo. Siento que haría el ridículo.*

Hay infieles que sienten "vergüenza" de mostrar su cuerpo o temor a su desempeño sexual. Esto se debe, en gran parte, a que los encuentros sexuales con su pareja de compromiso se realizan con base en la confianza y el conocimiento mutuos, por lo que es poco probable que estos cambien de manera radical. Cuanto más tiempo haya pasado con una sola pareja, más temor al cambio, a la novedad y al desempeño se presenta en la persona infiel. Entonces, duda de su sexualidad y de la manera como puede ser visto por el otro. Este planteamiento crea un sabor agridulce, ya que por un lado es algo que desea, y por el otro, le causa un gran temor.

El miedo a adquirir una infección de transmisión sexual o a un embarazo no deseado, son otros motivos para vivir la experiencia con sufrimiento, razón por la cual, en vez de ocuparse de evitarlo, tiende más a sumirse en la preocupación, a no actuar y a perder de vista la prevención.

Algunos infieles, por motivos diversos, realizan prácticas sexuales con su pareja que son muy diferentes de las que acostumbran con la extrapareja, tal vez en parte para ayudarse a diferenciar u otorgar el lugar correspondiente a cada una; sin embargo, esta situación puede causarles un gran conflicto interno, ya que al fin y al cabo se dan cuenta de que con esas tácticas y estrategias, siguen culpándose por mantener ambas relaciones.

Otra causa de sufrimiento, en el ámbito sexual, es el de las comparaciones. Cuando la infidelidad se presenta, y ambas personas tienen una pareja estable, los infieles a veces se resienten de estar sujetos a la comparación con el otro o la otra y, por lo general, entran en competencia, incrementando así su tormento.

## Apariencia ante la sociedad y conducta incongruente

*Siempre fui el ejemplo a seguir tanto de mis hermanos como de familiares y amigos. Imagínense que ahora se descubra que no soy lo que ellos creían, ¿qué van a pensar de mí?*

Aparentar ser un tipo de persona ante una sociedad que siempre está atenta y es exigente respecto al comportamiento ajeno, no es tarea fácil. La familia y la sociedad tienen una expectativa muy alta en cuanto al ser y el hacer de los individuos, y por más que nos esforcemos en cumplirla, algo nos falta.

Desde pequeños somos moldeados por una serie de lineamientos que debemos seguir para pertenecer a una familia y a una sociedad. Tenemos que jugar y ser versátiles con nuestros roles ante los diferentes eventos y experiencias que se nos presenten, pero siempre "dentro de las normas establecidas"; de esta manera, en mayor o menor grado, en algún momento todos aprendemos a aparentar.

Para algunos es más fácil que para otros. Hay quienes son más flexibles en su ser y en su hacer; en cambio, para otros la vergüenza suele ser una constante y en consecuencia tienen un desgaste progresivo, pues gastan mucha energía aparentando ser otra persona.

Cuando el infiel pertenece al modelo de personas a quienes les pesa el medio familiar y social, o cuando se instala en los extremos de juicio entre lo bueno o malo y sabe que está aparentando ser alguien que no es, sufre por tener que fingir y mantener una mentira. ¿Y cómo no? Si, por un lado, está la parte social y familiar donde es calificado como "bueno", y por el otro, está su extrapareja, que lo pondría en evidencia y produciría mucha consternación y tristeza a todos los involucrados; además, con esto se revelaría la incongruencia entre lo que dice y aparenta ser y lo que hace. Por tanto, una infidelidad les representa vivir una doble vida, es como estar constantemente entre la vida y la muerte.

## Si se descubre: posible castigo que puede durar décadas

*De haber sabido que iba a pagar la infidelidad por veinticinco años, más los que me faltan, le hubiera rogado que no me perdonara.*

Las consecuencias que las personas infieles tienen que vivir por haber elegido esa experiencia son perdurables, ya que en ocasiones les cobran facturas con intereses que no acaban de saldarse en toda una vida. La pareja aparenta perdonar pero, de algún modo, o de muchos, y en repetidas ocasiones, cobra el perdón.

Las personas infieles saben que si la relación con su extrapareja se descubre, posiblemente la condena sea para toda la vida. Esta eventualidad provoca en algunos infieles ansiedad, al grado de experimentar ataques de pánico por no evitar fantasear con un futuro catastrófico sin salidas alternas.

El simple hecho de recordar su infidelidad pasada les causa dolor. A pesar de que el encuentro con su pareja de compromiso sea de bienestar y haya expectativas de un posible perdón, todo se termina por el recordatorio insistente de la infidelidad. Cuando la pareja discute, con el fin de ganar, uno de los dos recurre a la descalificación y, de manera airada y ventajista, saca a relucir el engaño.

También sucede que ser constante y repetitivo –con amenazas veladas o abiertas– en el tema evita que se repita la experiencia. El juego del control lo maneja la persona que ha sido engañada.

## Se sienten mentirosos y poco confiables

*A partir de que estoy con ella, la mayor parte del tiempo
me siento como que actúo una gran mentira, a veces ya
no sé qué es mentira y qué es real.*

Las personas infieles temen volverse poco confiables en otros ámbitos de la vida. Han creado a su alrededor una imagen que cuidan todo el tiempo y actúan más en función de esto, que en vivir su vida como tal. Se mantienen angustiados por la preocupación de ser descubiertos en la infidelidad, y de ser así, podrían quedarse sin los cimientos de su vida.

Cuando el secreto que resguardan es un vínculo sexoafectivo con alguien, algunos se sienten poco merecedores y se dejan de ver como personas con virtudes y defectos para etiquetarse como mentirosas, como si su vida estuviera basada en una historia imaginaria que no corresponde con lo que ocurre en su interior.

El infiel, que además cree que la gente lo va a tachar de mentiroso en otros aspectos de su vida, sufre doblemente por lo que significa toda esta pérdida de credibilidad.

## Expresiones corporales distintas

*Desde hace algún tiempo te siento distinta,
no sé que será, pero no eres la misma.
Observo en tus ojos miradas que esquivan la mía,
cansado de tanto buscar tus pupilas,
pidiendo respuestas a cada porqué,
pero adivino en ti algo que empieza a huir
y no quiero entender.
Cuando un presentimiento no crea razón,
solo infunde temor.
Tus gestos son más elocuentes,
al menos son signos
de tu indiferencia por todo lo mío*

*y más si mi afán es hacerte feliz.*
*No quisiera saber cuándo sueles temblar...*
*En qué brazos estás...*

LUIS EDUARDO AUTE, "SIENTO QUE TE ESTOY PERDIENDO"

El lenguaje corporal de la persona infiel varía según las circunstancias. Entre las múltiples causas que nos diferencian como personas, también se encuentra la comunicación no verbal. Estas expresiones corporales pueden ir desde un simple y sutil gesto, hasta una marcada complejidad de movimientos.

Con este trabajo no se pretende caer en estereotipos o en recetas de cómo reconocer a un infiel por su respuesta corporal. Lo que se busca es clarificar y diferenciar las conductas y manifestaciones que se presentan en el cuerpo, en especial en quienes no aceptan la experiencia como algo positivo, pues sus gestos se distinguen de sus aspectos habituales.

Hacer conscientes estas expresiones puede molestar a muchos, sobre todo, a cada uno de esos infieles que pensaban que la infidelidad podía pasar inadvertida. Hay que tomar en cuenta que, en estas situaciones, el estrés tiene un lugar preponderante y se refleja en nuestro cuerpo con tensiones musculares, malestares físicos o psicológicos, como ansiedad, depresión, preocupación, y otros. Lo importante es prestar atención a los avisos del cuerpo, pues, de lo contrario, podemos enfermarnos.

## Situaciones persecutorias de la pareja de compromiso

*No sé si lo entiendan, pero vivo con la policía secreta,*
*vigilado todo el tiempo.*

En ocasiones, la persona infiel es arrastrada y asfixiada por el remolino de la sospecha de una posible infidelidad –real o imaginaria– por parte de su pareja de compromiso. La persona que cree que es engañada casi siempre busca, afanosamente, evidencias que puedan comprobar sus dudas, sin darse cuenta de que la desconfianza, en sí misma, es la que incita a tener fantasías catastróficas que dañan y aniquilan. La sospecha lleva a los celos, y estos son detonantes de las emociones, al punto de volverse persecutorias con tintes de paranoia, como el miedo desbordado a sentirse abandonado o a perder a la persona amada.

Entre dudas, celos y temor, la persona engañada se transforma en un escudriñador profesional que examina obsesivamente cada detalle, movimiento, gesto o palabra de su pareja, muchas veces violando la privacidad e intimidad de la persona infiel (o supuesto infiel). Esta acción puede llegar a ser más agresiva y violenta que la infidelidad en sí misma.

Lejos del resultado de las sospechas, el daño ya está hecho. Se lastima tanto a la relación como a sus integrantes, y esto no se resarce, pues queda la falta de respeto hacia la persona, sus cosas, espacios, amistades y familia. La falta de confianza en la pareja se instala y el cuestionamiento frecuente de sus actos forma parte de la vida cotidiana. Ante esto, el posible infiel se siente violentado, pues es invalidado, perseguido, vigilado y mutilado en su libertad.

## Miedo al quebrantamiento del mundo interno

*No es ninguna de mis parejas, soy yo. No soporto más, estar dividida me hace sentir que en momentos me desmorono, como si me estuviera quebrando por dentro…*

Por naturaleza, el ser humano busca su sobrevivencia. Ante situaciones de peligro, todos respondemos instintivamente hacia lo seguro, hacia lo que nos proporcione confianza, resguardo, apoyo. Sin embargo, hay quienes actúan de manera inmediata, otros se paralizan y les lleva un tiempo responder, y algunos más superan o no la adversidad. Todo esto es lo que determina la resiliencia, o capacidad de recuperación, de los individuos.[25]

La palabra *resiliencia* fue utilizada primero para designar objetos que vuelven a su forma original después de haber sido doblados, estrechados y presionados, como una liga.

---

[25] Véase cita comentada de Michel Manciaux en la Bibliografía.

Sobre esto, vemos que algunas personas, al sentirse agobiadas por situaciones que no son manejables para ellas, al principio las evaden por miedo al dolor que les puedan causar; pero, al llegar el momento en que ya no pueden evitarlas ni postergarlas, y cuando las enfrentan, se dan cuenta de que por haberlas dejado pasar su dimensión ha aumentado y, por tanto, el impacto en su vida es mayor.

Los individuos con este tipo de personalidad tienen mayor dificultad para enfrentar sus problemas, los evitan o acuden a la negación. Tienen poco fortalecido su mundo interior, lo que empeora al momento de darse cuenta del escenario; no han sido preventivos ni han contemplado los costos emocionales porque su fortaleza interna puede debilitarse más y no encuentran la fuerza para ejercer su libertad de elección. Esta experiencia es de sufrimiento y el individuo la vive con aprehensión por miedo a ver resquebrajado lo poco que le queda de fortaleza interna.

## Temor a que le hagan lo mismo

> *Me dijo "vente conmigo, que sepa que no estoy sola",*
> *se hizo en el pelo una cola,*
> *fuimos al bar donde estaban.*
> *Entramos, precisamente él abrazaba a una chica.*
> *Mira, si es grande el destino y esta ciudad es chica.*
> *¡Era mi mujer!*
>
> FRAGMENTO DE RICARDO ARJONA, "HISTORIA DEL TAXI"

La persona infiel puede fabricar en su mente la suposición de que, si tiene una relación paralela y su pareja no se ha dado cuenta, es posible que le estén haciendo exactamente lo mismo. Empieza a sentirse temeroso e inseguro, al extremo de presentar rasgos paranoicos en relación con su pareja de compromiso o con ambas.

Este tipo de infiel se siente superior a sus parejas, argumento con el que valida su infidelidad, mas no la de los otros; por ese motivo, sufre al imaginar a alguna de sus parejas siendo infiel.

## Temor a contraer una infección de transmisión sexual (ITS)

*Qué hago si no le puedo decir que use condón porque cree que ya no tengo relaciones sexuales con mi pareja.*

Cuando la persona infiel no se siente segura, ni de sí misma ni de la extrapareja con quien convive, el temor a contraer una infección de transmisión sexual (ITS) es constante, por lo que padece y se agobia, aun tomando medidas de prevención. En muchos casos, la relación con la extrapareja se fundamenta en las mentiras sobre su pareja de compromiso; una de las más comunes es que no mantiene actividad sexual, por lo cual la extrapareja no solicita el uso del condón, o bien, no se preocupa por usarlo. Sin embargo, es muy probable que ambos alimenten la duda de si no se estarán arriesgando a contagiarse de una enfermedad por otra relación paralela y sexual en su vida.

## Enredados en sus propias mentiras

*Qué daría yo porque se llamaran igual, así evitaría confundirme y regarla.*

Cuando la persona se decide a ser infiel, empieza a actuar y a elaborar una serie de mentiras, o verdades a medias, para lograr su objetivo: que la otra persona le crea y poder iniciar una relación. Con el paso del tiempo, las mentiras crecen y surgen otras nuevas para cubrir las primeras. De esta manera puede enredarse, si no lo caracterizan la habilidad y buena memoria.

En ocasiones, utiliza la lealtad de amistades para que le ayuden a cubrir su deshonestidad, lo que tarde o temprano produce resquemor por haber involucrado a una tercera persona y no tener la seguridad de que no lo delate.

## Vivir con un estrés crónico

*Si viera que me la paso más en el doctor que con cualquiera de las dos.*

Como ya se mencionó, la experiencia de una infidelidad puede ser la causa de una serie de enfermedades, que parten del estrés por tener dos relaciones paralelas. En vez de vivir la infidelidad a plenitud y con felicidad, más bien se padece los síntomas generados por la preocupación y angustia de mantener varias parejas.

## Dependencia de los dos vínculos

> *Para mí, los dos son uno, no podría quedarme sin ninguno de ellos, cada quien me da cosas distintas que quiero y necesito.*

Existe dependencia cuando a una persona infiel le cuesta trabajo dejar tanto a su pareja de compromiso como a su pareja paralela. Estar en una relación así, o solo pensar en esa posibilidad, le causa sufrimiento. Le resulta difícil resolver la disyuntiva a futuro, puesto que ninguna alternativa sería adecuada. En estos casos, el proceso de autonomía o individuación es inexistente, ya que, más que buscar un crecimiento individual, se ve sometida a su necesidad de convivir con dos personas.

## DIFERENCIAS EN LA EXPERIENCIA DEL SUFRIMIENTO DE ACUERDO CON EL GÉNERO

Ciertamente, la infidelidad se puede estudiar como un todo; sin embargo, al analizarla a través de un lente microscópico, por medio de la vista y el oído encontramos información muy valiosa en aquello que se calla. Sin duda, la infidelidad se vive de manera individual, pero a menudo las experiencias se asemejan y se distinguen entre los géneros. Las personas con diferente preferencia sexual pueden encontrar en el siguiente apartado de este capítulo la diferencia entre las mujeres y los hombres, los puntos de identificación que les serán de utilidad en su estructura de pareja.

## Mujeres

Al centrarnos en la mujer actual, no podemos dejar de mencionar a Clara Coria, quien en sus estudios de género afirma: "Cuando las mujeres dejan de responder a los mandatos culturales que pesan sobre ellas tienden a sentirse transgresoras de los roles establecidos y, como consecuencia, 'malas' y culpables, sobre todo cuando dejan de comportarse como madres incondicionales[…] la supuesta 'maldad', que muchas se adjudican, tiene mucho más que ver con una construcción social destinada a alimentar la dependencia femenina que como un comportamiento genuinamente innoble".[26]

Sin caer en la victimización, las mujeres han sido formadas para cumplir con los roles preestablecidos, viviéndolos como lo que se "debe ser" y, en el mejor de los casos, cuestionándose sobre ellos y logrando incluso modificarlos sin que tengan tanto impacto como para salirse de la norma. Gracias a estos logros en la sociedad se ha obtenido un papel más equitativo ante el hombre.

Pero dentro del tema de la infidelidad no se ha podido equilibrar la balanza, ya que hoy en día hay mujeres que ejercen acciones para mantenerla desequilibrada. Trataremos de clarificar cuáles son los sentimientos negativos más frecuentes que reportan las mujeres infieles.

### Condena social

*Aunque nadie sabe nada, siento que todos me señalan, imagínese si se enteran.*

La estructura de la sociedad actual ha transitado por diversos caminos, ha costado muchos años y diferentes esfuerzos, para que todos los que pertenecen a ella lo hagan en convivencia y respeto; pero no todos sus integrantes acatan las leyes sociales, y hay quienes transgreden y rompen las normativas con fines personales.

De esta forma, quien roba, asesina, o atenta contra la sociedad y sus leyes o a algún miembro de ella, es encarcelado y castigado por su falta, que puede pagarse con la privación de la libertad. En otras ocasiones, la sociedad se encarga de enjuiciar y condenar sin que se llegue a un recinto exclusivo para tal hecho; entonces, con la pena impuesta, mas no

---

[26] Coria, Clara, *El amor no es como nos contaron — ni como lo inventamos*, Paidós, Buenos Aires, 2001, p. 76.

legalizada, se ejerce la violencia con todos sus componentes: psicológicos, sexuales, económicos, verbales y físicos, y es incisiva, quedando señalada aun de por vida.

Por otro lado, es cierto que todas las elecciones que tomamos los seres humanos tienen un costo o una repercusión pero, en el caso de la mujer, esta suele ser mayor que la del hombre.

### Juzgadas por su moralidad

> Cómo no tener miedo, si ya saben que una mujer que se acuesta con otro que no es su marido pone en riesgo a su familia.

El señalamiento de la sociedad sobre la moral de la mujer es duro e implacable; se le juzga a partir de su comportamiento en relación con su quehacer sexual.

La mujer *debe* ser asexual si es soltera y *puede* ejercer su sexualidad libremente solo en función de su pareja, siempre y cuando sea dentro de un matrimonio.

Cualquier indicio de que una mujer practique un acto sexual fuera de la relación estable es severamente castigado, señalado y se vuelve del dominio público para juzgarla como una persona sin moral (añadiéndole todos los sinónimos que se puedan imaginar).

El juicio que se ejerce es tan potente que puede afectar a hijos y familiares. Hay casos en que la infidelidad pudo haberse cometido años atrás y, aun así, es vista en términos de un continuo presente: castigando, inculpando, señalando, desprestigiando sin posibilidad alguna de redimirse.

### Si es infiel es... una cualquiera

> Si se enteran mis padres y mis hermanas, de P... no me van a bajar.

Para la mujer comprometida en una relación de pareja de compromiso, el mandato social establece que *no debe* pertenecer (como si fuera un objeto) a más de un hombre; solo puede expresar su sexualidad libremente con quien comparte su cama, y de no ser así, en caso de un embarazo, corre el riesgo de que se ponga en duda la paternidad del bebé.

Antes, una frágil línea separaba la duda de la comprobación, cuya carga de responsabilidad la llevaba al 100 por ciento la mujer. Ahora que existe la prueba del ADN, ¿qué tendremos que vigilar?, ¿qué se pondrá en duda?, ¿el desempeño del varón?, ¿la ética de los laboratorios médicos?

En el seno de la sociedad, cuando una mujer infiel es descubierta, la comunidad la tacha de ser una cualquiera, lo cual es sinónimo de que su cuerpo puede ser poseído por aquel que lo desee. Dicho de otra manera, se le pierde el respeto y eso da pie a que cualquier hombre la pueda poseer. No se le cataloga como una sexoservidora, pues está establecido que se debe pagar para poder disfrutar los servicios de este oficio. Las *cualquiera*, en cambio, no tienen remuneración alguna, son propiedad de todo el mundo, al punto de no solo ser violentadas corporalmente, sino también en su valor, moralidad y credibilidad. En pocas palabras, la manera de actuar de una mujer infiel, en lo privado o en lo público, siempre se regirá con base en la duda.

## Temor a faltar a cánones familiares

*Si esto se sabe, paso a ser la vergüenza de mi familia.*

Como se mencionó, la infidelidad femenina se amplía y trastoca a las personas más cercanas, en especial a la familia, cuyos miembros de algún modo se sienten indignados, humillados, agraviados y, a veces, señalados por la conducta sexual de su parienta. Se instalan en el sentimiento de la vergüenza por el acto, como si ellos fueran los responsables o hubieran cometido esa falta.

En ocasiones, nadie involucra a la familia, pero puede ser que, por iniciativa propia, ellos se ofendan para ser considerados mejores personas que aquella que cometió la infidelidad; así marcan una diferencia entre quienes siguen las normas sociales y familiares, y los que las transgreden. Muchas veces esto da control sobre la infiel y los provee de diversas ganancias secundarias. Por lo general, el miedo de faltar a las normas establecidas en la familia hace que las mujeres se preocupen porque su relación paralela no sea descubierta, ni por su pareja de compromiso ni por su familia de origen.

### Temor a la falta de apoyo de la familia de origen

> *Si mi familia se entera le va a dar la razón a él y me va*
> *a ir muy mal. A mi hermana así le pasó, y no le va bien.*
> *Tengo mucho miedo.*

Como se comentó, el temor principal de una mujer infiel es que, al ser descubierta, su familia de origen, su pareja, la sociedad y, en ocasiones, también la extrapareja, le den la espalda y la desconozcan. Bajo estas circunstancias y, en el mejor de los casos, la infiel es señalada y atacada con agresiones pasivo-agresivas. El problema es mayor si depende económicamente de su pareja de compromiso y, al mismo tiempo, es rechazada o expulsada de la familia por su comportamiento. Por lo general, en el aspecto económico las mujeres son restringidas o manipuladas, queriendo controlar su sexualidad para nulificarlas o limitarlas, para que su libertad sea mermada en todos los sentidos.

### Temor a no tener posibilidad de comenzar de nuevo

> *Hace mucho que me quedé como el perro de las dos*
> *tortas, y desde que me separé, no hay hombre que se me*
> *acerque, como si estuviera marcada.*

Una vez que la infidelidad es descubierta, las relaciones familiares y sociales quedan muy dañadas. La posibilidad de tener una nueva pareja es poca, por prejuicios que dañan la relación. En ciertos casos, la familia y el entorno pueden agredir a la mujer y a la nueva pareja con comentarios sobre su comportamiento anterior, haciéndolos portar un estigma. Entonces, la posibilidad de comenzar de nuevo se dificulta por la falta de apoyo y los enjuiciamientos de quienes la rodean.

La actitud de la mujer ante dicha situación es un factor determinante para que salga adelante o se detenga en su crecimiento por temor al rechazo y al exilio, viviendo la experiencia con sufrimiento perenne.

### Temor a perder a sus hijos

*Ya no me importa qué pase con ninguno de ellos, lo único que quiero es que no me quiten a mis hijos.*

La mujer no solo es pareja, también es madre. Corre el riesgo de perder a sus hijos, y esta posibilidad (real o imaginaria) incrementa su miedo. La ley puede quitarle la patria potestad si se determina que su conducta es inapropiada. Hoy en día, muchos jueces consideran la infidelidad femenina como un acto inmoral.

En general —no en todos los casos—, en la mujer circulan una gama de emociones a veces realistas y otras catastróficas alrededor del evento, que le impiden ver con claridad la solución. Experimenta preocupación y temor de que esto suceda, y, al mismo tiempo, el dolor aumenta cuando se presenta la disyuntiva de elegir entre terminar o no con la extrapareja, pues no se quiere perder a ninguna de las dos partes. Muchas veces el miedo de una madre infiel se refleja en la relación con los hijos; si ellos se enteran, pueden dejar de quererla, perderle el respeto o aliarse con el padre en su contra.

### Miedo a un embarazo

*Todavía tengo la posibilidad de quedar embarazada y eso me aterra. Aunque me cuido, extremo las precauciones para que no me vaya a fallar.*

Dos riesgos que presenta una mujer inmersa en una relación sexual extrapareja, sin tener la precaución de utilizar métodos anticonceptivos, son contraer una ITS y quedar embarazada. Un embarazo no planeado la pone en riesgo de ser descubierta y, por ende, cuestionada.

Puede contemplar la posibilidad de quedar embarazada sin dejar de sentir temor y culpa por encontrarse en una relación paralela. Los sentimientos, desde la evasión hasta el sufrimiento, la dejan intranquila por cada encuentro sexual. No se autoriza para gozar plenamente y puede arrepentirse.

La angustia de comprobar que ha quedado embarazada, aun tras haber tomado las medidas necesarias, hace que el miedo la persiga constantemente pues se sabe que ningún método anticonceptivo es totalmente seguro.

## Sus virtudes son anuladas

*Hice algo malo, le voy a contar. Sé que no valgo nada, ayúdeme a no sentirme mal.*

Dudar sobre la fidelidad de una mujer enrarece el entorno que la rodea y desacredita sus virtudes que, en un principio, fueron reconocidas por el mismo entorno. No es sorprendente que, de comprobarse la infidelidad, la mujer se enfrentaría a un conflicto mayor, pues dejaría de tener validación en la sociedad, que pondría en duda sus valores. Gran parte de la gente la colocaría en uno de los últimos peldaños de la escala social, incluso en el último.

La mujer infiel vive tal situación con desasosiego. Por temor a ser descubierta y expuesta, se vuelve precavida en la interrelación con los demás, para evitar decir o expresar algo que la ponga en evidencia, o para que no se revierta la situación en su contra. A veces, antes de ser descalificada por la sociedad al destaparse la infidelidad, la primera en disminuir su valía como persona es ella misma.

## Enojo por no ser la única

*Dejen les cuento: me tiene cansada cada vez que habla de su esposa: su esposa es esto… su esposa hace lo otro… su esposa se viste así… Ya no sé cómo callarlo y eso me hace enojar, prefiero que no la mencione.*

El sentimiento de enojo ocurre cuando la extrapareja tiene una pareja de compromiso o una pareja formal. La mujer sabe que comparte a su hombre con otra fémina, lo que la orilla a entrar en una lucha de poder, consciente o inconsciente, con su rival, situación que, irónicamente, es tan importante para ella que poco a poco puede perder de vista a la extrapareja para focalizarse más en ganar y obtener el trofeo de esa competencia. Es una disputa constante. Cuando se siente en desventaja y ve que está perdiendo terreno ante la otra, puede sentir envidia, rabia, hasta un terrible malestar.

También hay mujeres que pasan de la diversión al enamoramiento, y de ahí al amor de la extrapareja. Compartir al hombre (requisito inicial de toda extrapareja, que en principio no es molesto) se convierte en una fuente de enojo, dolor y agonía.

### Miedo a ser agredida sexualmente por su pareja

*Me da pavor que se entere mi marido, porque siento que me va a forzar a tener sexo con él.*

Cuando la mujer se reconoce como infiel y teme ser descubierta por su pareja, manifiesta que muchos de esos temores se basan en la creencia de que el otro es dueño de su cuerpo y en castigo puede agredirla sexualmente. A veces, la relación sexual con su pareja de compromiso no es tan frecuente o se ha negado en algún momento a tener prácticas sexuales diferentes de aquellas a las que está acostumbrada. Esto causa enojo entre ellos. En consecuencia, ella teme que al enterarse de su infidelidad, el esposo le recrimine su respuesta sexual hacia con él y llegue a forzarla a tener relaciones sexuales de forma violenta, por el enojo que le cause el ser traicionado.

## Hombres

Es común que al mirar al hombre con un prisma de diversas facetas, no se nos ocurra pensar que él pueda sufrir en su papel de infiel. Por lo general se tiene la falsa creencia de que goza en esta situación y pocas veces se considera la información que aporta, es decir, lo que él piensa de su relación paralela (con sufrimiento o con deleite), en función de su relación de compromiso.

Se cree, de forma distorsionada e indiscriminada, que los hombres infieles son cínicos y desvergonzados, pero la explicación no es tan sencilla. Habrá quienes sí lo sean, pero otros no. Hay hombres que de solo pensar en reconocerlo sienten angustia, más que el placer de la experiencia; en otras palabras, pasan del gozo al sufrimiento.

Muchos hombres nos compartieron sus historias, expresaron su sentir, comunicaron y reconocieron sus derrotas y sus aciertos sin caer en la petulancia. A continuación presentamos algunos de los sentimientos negativos que mencionaron con mayor frecuencia.

### Temor a perder a la familia

> *No, doctora, si ya me lo advirtió, que si la engaño, no solo la pierdo a ella, sino también a mi familia.*

Cuando un hombre decide tener una relación paralela, se vuelve muy cuidadoso en su afán de mantener el secreto, por temor a perder a su familia o por evitar poner en riesgo todo el esfuerzo invertido por conservarla, cuidarla y preservarla; puede motivarlo a esto el nivel de confort que encuentra, el estatus logrado, o bien, el amor a los miembros que la componen. En estas circunstancias, el hecho de imaginarse descubierto le causa altos niveles de ansiedad y sufrimiento por una posible pérdida de confort y/o amor.

### Conflicto de territorialidad

> *Me muero de rabia al pensar que puede estar con otros hombres ya que yo no puedo dejar a mi mujer.*

Si en la infidelidad la pareja paralela mantiene contacto con otros hombres, ya sea de amistad, filiación, de pretensiones amorosas, o bien, una relación de compromiso, el hombre lo vive con sufrimiento e inseguridad. Es probable que en su fantasía esto lo haga sentirse amenazado en su relación. Bajo ese esquema de desconfianza surgen cuestionamientos que detonan el sentimiento de posesión: ¿el otro hombre es mejor que él?, ¿alguien más puede entrar en su territorio?

Desde esta perspectiva, parece que lo que más le importa es la competencia con otros hombres, lo que lo lleva a un esfuerzo extra, pues vive la experiencia de manera dolorosa y en constante comparación.

### Conflictos económicos

*Quiero estar con ella, pero no puedo solventar los gastos que esto me genera y me sentiría muy mal de gastar el dinero destinado a mi hogar.*

Cuando un hombre no goza de una posición económica desahogada, uno de los factores más perturbadores es gastar el dinero destinado a su familia con otra mujer. Si eso ocurre, vive la relación paralela con sentimientos de culpa, ya que los gastos que le genera merman su economía familiar. También puede sentirse menos y sufrir por no poder invitar ni compartir con su extrapareja gustos caros.

### Miedo a involucrarse con una extrapareja amenazadora

*Hace mucho que quiero dejarla, pero ya me amenazó con hacerle daño a mi familia y esta mujer sí que es capaz.*

Enamorarse de una peligrosa extraña puede conllevar efectos secundarios maniacos, con resultados que se inclinan más al terror que al gozo. Esos casos parten de una simple amenaza (por saber que la relación va a terminar), hasta llamadas telefónicas angustiantes que, aunque sean mudas, causan ansiedad por la advertencia cumplida.

También hay situaciones extremas en que se puede poner en peligro la integridad física de él o de los miembros de su familia, si las expectativas no se cumplen. Por lo general, este tipo de relaciones duran un tiempo considerable por el miedo que el hombre siente a las consecuencias del rompimiento.

### Temor al embarazo de la extrapareja

*Imagínese si me amarra con un hijo y mi esposa se entera, ni pensarlo. Si yo solo quiero pasar el rato.*

El hombre se preocupa por el riesgo de embarazar a la extrapareja y crear un vínculo de mayor solidez con ella. A veces, unos no desean tener hijos, en tanto que otros, simplemente, no lo tienen contemplado por el momento. También hay hombres que, aunque decidan no hacerse responsables del hijo, saben que siempre estará ahí, y esto hace que su temor al estar con la extrapareja sea constante.

En cambio, si deseara tener un hijo, esto le acarrearía preocupaciones por todo lo que estaría en juego, por ejemplo, formar otra familia, las consecuencias en tiempo y en la economía, y más, que, a la larga, lo único que le aportarían sería una mayor sobrecarga.

En caso de que esto fuera motivo para decidir terminar con la pareja de compromiso, tiene la responsabilidad de cumplir con las dos familias. Las cosas se complican todavía más cuando su extrapareja es una mujer que ya tiene un compromiso estable; si ella quedara embarazada, la situación se agravaría por el temor a tener que ceder su paternidad a otro.

### Temor a perder el trabajo

> Lo que me tiene así de tenso, es que mi extrapareja trabaja en la misma empresa que yo y si esto se sabe, perderé mi empleo.

Cuando el hombre infiel tiene a la extrapareja dentro de su área laboral, esta relación le preocupa por políticas del trabajo, porque conocen a la pareja de compromiso, por un probable escándalo o por otras cuestiones que, de ser descubierto, pueden dejarlo sin empleo. Este miedo se menciona con frecuencia en terapias, ya que la infidelidad es habitual dentro del área laboral de las personas, a pesar de que saben, que al hacerlo, arriesgan su futuro económico y el de su familia.

### Temor a perder amistades

> Tener dos mujeres no es bien visto dentro de mi círculo social y esto me angustia.

Cuando los amigos en común de la pareja se dan cuenta de que existe una infidelidad del hombre, de inmediato se desaprueba su conducta y es expulsado del grupo por no seguir los códigos morales impuestos para pertenecer a este. La razón es que pone en peligro a las parejas ya establecidas dentro de esos términos, y pone en riesgo que las normas se tomen con flexibilidad.

A veces es tratado como si tuviera una enfermedad contagiosa, por lo que para algunos hombres ser infiel implica una aventura en la que se exponen a perder amistades de su mismo género, sobre todo cuando el núcleo de amigos es muy cerrado.

### Rechazo de la familia de origen

> Mis padres nunca aprobarían esto que estoy viviendo, si se enteran seguro me dejan de hablar y esto me dolería mucho.

Hay familias de origen para las que la infidelidad de uno de sus integrantes es imperdonable, por lo que se unen a la pareja de compromiso, dejando claro que reprueban dicho acto, ponen distancia y, a veces, lo expulsan del núcleo familiar. Otras, tal vez lo incluyan en las actividades, siempre y cuando vaya solo y no involucre a su otra pareja. Este distanciamiento puede ser pasajero o durar años.

Algunos hombres temen que se descubra la infidelidad, más que por miedo a perder a su pareja de compromiso, por miedo al pensar en perder o ser excluidos de su familia de origen.

Para este tipo de hombres, el lazo consanguíneo es más importante que cualquier otra cosa.

### Temor a las agresiones de la pareja de compromiso

> Si se entera su marido, es capaz hasta de matarme.

Muchos hombres siguen pensando que la sexualidad de su pareja les pertenece. Si ellas deciden ser infieles, sienten que ponen en duda su valía sexual como hombres al descubierto. Ante esto, algunos se sienten tan agredidos, que expresan su inconformidad atacando de manera irracional y violenta a la extrapareja de su mujer, pensando que el acto de infidelidad se debió por completo a las manipulaciones varoniles y no fue de común acuerdo, es decir, únicamente lo culpa a él.

Hay otros casos en que la agresión va dirigida a la pareja que cometió la infidelidad. También están aquellos en los que la familia y amigos del infiel quedan amenazados y violentados por actos de los cuales no son responsables. El miedo es una constante que no cesa de preocuparlos y sufren pensando en una posible confrontación.

## CAPÍTULO 10

# INFIDELIDAD: ¿CRECIMIENTO O FRACASO?

*El futuro tiene muchos nombres. Para los débiles es lo*
*inalcanzable. Para los temerosos, lo desconocido. Para*
*los valientes es la oportunidad.*

VICTOR HUGO

En las terapias con personas infieles hemos encontrado que, a pesar de su sentimiento de culpa por considerar que sus actos son socialmente condenables, antes de sus narraciones pronuncian frases de uso común y de un alto grado de bienestar, que llegan a ser perceptibles en sus posturas de los pacientes; por ejemplo, "me siento tan bien", "es un regalo de la vida".

Frente a esta constante, nos cuestionamos el porqué de ese sentimiento ambivalente –sentirse salvados y condenados–, en el que, a veces, el sentirse bien se contrarresta con la culpa. Una culpa que sienten por ser conscientes de que se está faltando a un acuerdo explícito o implícito con la pareja de compromiso, por lo general debido al goce que obtienen con la experiencia.

Hay ocasiones en que el infiel no se decide a mover ni cambiar su realidad, porque cubre sus necesidades sin que se presenten problemas; en cambio, en otras, vive y disfruta ese momento como el mejor de su vida. A partir de estas observaciones, nos cautivó la idea de escudriñar la parte de bienestar que los infieles reportan, ya que el grueso de la población lo vive. Con las narraciones, nos dimos cuenta de que el acto es disfrutado. Hay que tomar en cuenta que la experiencia es parte importante de las personas y faltaría información si solo nos quedáramos con el razonamiento que de ella se hace.

En nuestra búsqueda bibliográfica encontramos que muchas veces omiten o apenas mencionan el tema de la experiencia; además, esta es descrita como cinismo y tratada bajo un discurso tendencioso, donde se sugiere que los infieles son personas que necesitan un tratamiento especial para "restablecer su cordura". Por lo general, en los libros y los artículos sobre infidelidad que consultamos, la persona infiel es juzgada, señalada y sentenciada sin la menor intención de darle voz a su experiencia y vivencia.

Lo que determina si una experiencia es de crecimiento o no, es la calidad del contacto. Un contacto efectivo mantiene el flujo energético por todo el cuerpo. La bioenergética dice que a mayor flujo de energía, hay más vida, mayor vitalidad y la creatividad empuja al crecimiento; asimismo, que una energía estancada tiende hacia la inercia y la inactividad, por lo que nuestro desarrollo creativo se estanca. Es necesario entablar componentes de variación y cambio para mantenernos vivos y en permanente crecimiento.

No somos personas aisladas, siempre estamos en contacto con nuestro entorno, fluyendo en relación con los otros. El contacto en sí mismo es nutritivo; si soy capaz de obtener una buena conexión, voy a tener un buen funcionamiento y una energía adecuada, pues por medio de la interacción con la novedad y la diferencia, el ser humano se integra o desecha la información de la experiencia. Esto, siempre y cuando la persona sea consciente de sus acciones, justo en el momento que suceden.[27]

Saber que el medio ambiente no nos pertenece o es diferente, nos proporciona la posibilidad de un crecimiento o el rechazo de lo que nos es dañino. Para esto es indispensable el autoconocimiento, tener nuestros límites lo bastante penetrables para que entre lo nutritivo y lo suficientemente rígido, para rechazar todo aquello que nos sea perjudicial.

Normalmente aprendemos por ensayo y error. Nuestro cuerpo tolera y rechaza mediante aproximaciones sucesivas. Cada ser humano es diferente, y lo que para algunos es fuente de nutrición, para otros es dañino. Sin embargo, si estuviéramos atentos a nuestras sensaciones corporales y tuviéramos un adecuado conocimiento de nuestro cuerpo, podríamos co-

---

[27] Véase cita comentada de Perls, Frederick, Ralph Hefferline y Paul Goodman en la Bibliografía.

nocer más de nosotros mismos, sentir qué necesitamos y proveerlo, o qué nos está sobrando para rechazarlo. Cuando las emociones son reprimidas, siempre retornan a nosotros de una manera u otra. Nuestro cuerpo y nuestras sensaciones están atentos a nuestras necesidades. Aunque nosotros, a veces, no les prestemos atención, nuestro cuerpo es sabio. Es necesario entablar componentes de variación y cambio para mantenernos vivos y en permanente crecimiento.

Como humanistas, estamos de acuerdo con el psicólogo Carl Rogers, quien planteó que el ser humano tiene un impulso interno que lo conduce a la realización de sus potencialidades, por lo que su naturaleza tiende al crecimiento. Esta tendencia no puede ser destruida mientras el organismo esté vivo.

No existe el crecimiento si no hay novedad.[28] Si la necesidad de la persona infiel es real, y se percata de lo que le está faltando, entonces, el infiel se puede hacer responsable de cubrirla y fomentar su desarrollo. A partir de esto podemos concluir que la persona infiel tiene en su primer encuentro con la novedad una posibilidad de crecimiento, pero la infidelidad es tan condenada socialmente, que esta conducta de acercamiento a lo diferente se acentúa si ya contamos con una pareja. La mayoría de las veces, esta situación es un punto ciego, y más que crecer con la experiencia y significarlo de una manera positiva, los invaden las culpas y los miedos, ya que saben que tenían la posibilidad de terminar con la relación de compromiso antes de comenzar otra, pero no se atrevieron, y tener dos parejas paralelas es incómodo.

Cuando el cambio es muy grande y no se consigue integrar, se puede entrar en una crisis; allí es, precisamente, donde se necesita restablecer el equilibrio entre la parte que quiere ser infiel y crecer, y aquella en la que surge el miedo de hacerlo.

El ser humano, de inicio, es infiel hacia sí mismo, ya que muchas veces busca la aceptación social a costa de su individualidad; de tal forma, entra en confusión por no saber por qué decidirse, si por la sociedad o por las aspiraciones del placer más íntimo y oculto.

---

[28] Véase cita comentada de Perls, Frederick, Ralph Hefferline y Paul Goodman en la Bibliografía.

Existen tres obstáculos importantes para el crecimiento de la persona:

» Los asuntos inconclusos: todos aquellos problemas que no se han resuelto en el transcurso de la vida y son importantes para nosotros.

» Los introyectos: todas aquellas aseveraciones que decimos sin cuestionamientos, las cuales nos fueron enseñadas en nuestra educación familiar y social y las damos por un hecho real.

» Las experiencias obsoletas: vivencias que nos sirvieron en el pasado, pero que ya no son actuales ni funcionales para el presente.

Cuando nos guiamos por cualquiera de estos tres ejes para ser o dejar de ser personas infieles, el crecimiento deja de ser una posibilidad. La infidelidad se vive como repetición de conductas, obediencia sin cuestionamientos, o por alguna historia pasada que pugna por dejar de ser un problema que no se esfumará al caminar por el sendero de la infidelidad.

## FRACASO

*El sufrimiento es más fácil que la solución.*
*Por tanto, no hay que compadecerse de ti.*

BERT HELLINGER

Para crecer hay que correr ciertos riesgos, muchas veces dolorosos, pero si no se está dispuesto a cuestionar ciertas creencias y arriesgar comodidades, lo más probable es que nos instalemos en el sufrimiento y lo veamos como un fracaso. Si quiere obtener algo del medio que lo rodea, el ser humano tiene que hacer caso a sus necesidades, deseos y voluntades, por lo que necesita ejecutar una acción.

Cuando deseamos una cosa que nos prohibimos, hacemos uso de nuestra voluntad, creamos una historia para persuadirnos de que podemos vivir sin lo que anhelamos, ya que esto nos traerá cambios y/o problemas, y así nos forzamos para elegir dejarlo de lado y focalizar nuestra atención hacia otra cosa, negando el deseo a fuerza de voluntad.

Si la voluntad, igual que nuestros deseos, está en nuestra contra, se vive con fracaso, sufrimiento, depresión, palabra que mejor nos sienta en el tiempo. Algunas personas infieles sienten que su experiencia, ya sea pasada o presente, es un problema; veamos por qué.

## Problemas

Cuando tener una extrapareja significa más complicaciones de las que se pueden o quieren manejar en la vida cotidiana, y se convierte en una carga, la persona infiel pierde de vista la experiencia como algo positivo y sabe que por sí mismo entró en un laberinto de problemas. Esto puede suceder por diferentes razones: no poder hacer más de una cosa a la vez; encontrar una persona muy semejante a su pareja; sentir hartazgo de la novedad o confusión de sentimientos; sentir una culpa excesiva; no saber negociar acuerdos; tener un sentimiento generalizado de malestar, o bien, por el simple gusto de colocarse otra vez (a sus propios ojos) como la víctima y repetir historias.

La experiencia positiva queda de lado, eclipsada, por lo que el crecimiento de su vida se interrumpe y siente que existe un retroceso, sin permitirse resignificarla como una opción en su camino. Querer seguir con dos personas es un problema más, ya que pierde de vista la manera asertiva de decidir qué quiere hacer.

## Sentimientos de traición, culpa, victimización, fracaso y frustración

Algunos infieles piensan que tener una relación paralela es muestra de que han fallado en su vida sentimental. Este pensamiento suele dar rienda suelta a muchas emociones y afectar su autoestima. Las personas infieles sienten que esta experiencia es un castigo, un fracaso, una frustración, y, muchas veces, se instalan en el papel de víctima o victimario de su propia historia afectiva.

Bajo estas circunstancias, el o la infiel sienten que las experiencias positivas fueron mínimas en comparación con las negativas, y se perciben como traidores ante su pareja de compromiso, lo cual los coloca algunas veces en situaciones incómodas con la familia y la sociedad. Se tachan a sí mismos de deshonestos, aunque en otras áreas de la vida sean personas confiables y comprometidas con lo que emprenden. Es como si dejaran de ser perfectos para convertirse en seres humanos falibles. Por lo general, creen que los demás los señalan con la misma rigidez con que ellos se juzgan a sí mismos y se ven como personas con bajos niveles de conciencia. Crean dicha apreciación con base en creencias sobre la infidelidad que la sociedad ha reflejado a lo largo de la historia.

## Amenaza la estabilidad de la relación de compromiso

Quien es infiel sufre un temor constante a ser descubierto en un futuro inmediato o a largo plazo. Vive con la constante incertidumbre de que su secreto se haga público, le afecte en cualquier momento y su relación de compromiso se derrumbe, quedándose sin la persona que lo contiene emocionalmente y, quizá también, sin la extrapareja. Por ello se anticipa de forma férrea a la posible pérdida inducida por su temor, lo que le causa inseguridad. No se permite disfrutar ninguna de las dos relaciones por pánico a ser desenmascarado y abandonado por su pareja de·compromiso.

Estas personas suelen desgastarse exagerando los cuidados para con su pareja; se convierten en sus guardianes, a pesar y a sabiendas de que están involucrados en una relación paralela. Su intención es velarla y sobreprotegerla contra posibles desengaños que pudiera tener hacia su persona. Para estos infieles su pareja de compromiso y su estabilidad familiar son tan importantes que no pueden permitirse perderlas y que se colapse todo lo que se ha construido.

## Conflicto entre *deber* y *querer*

Cuando un ser humano se percata de que dos de sus mecanismos internos se encuentran en lucha, empieza a sentirse fraccionado por estas partes que no puede integrar. Hay personas infieles que se manifiestan en conflicto por el *deber ser* y el *querer ser*, cuando, por lo general, ambas secciones entran en pugna interna sin posibilidades de hermanarlas.

La guerra interna y la indecisión pueden ser tan severas y complejas que en medio de la confusión no se halla el punto acertado para poder restituir el equilibrio. Para muchos, tomar una decisión representa la acción más difícil de su vida, porque sea cual sea la resolución tomada, están obligados a ignorar una parte importante de sí mismos.

Cuando no sienten placer en el *deber* ni en el *querer*, la experiencia adquiere un carácter rígido y se minimiza, ya que en cuanto las personas hacen lo que quieren, esto se ve opacado por lo que deberían hacer. En cambio, no disfrutan al hacer lo que se debe, porque no parten de sus necesidades y gustos. En fin, las partes no se acomodan y los individuos se sienten fuera de lugar en los dos lados.

Saltan de indecisión en indecisión, y si llegan a definirse, viven en el arrepentimiento o añorando la parte que ignoraron de sí mismos. Las personas solo saben realmente lo que quieren cuando se comprometen a entender y conocer su historia ideal.

## Expectativas no realistas de una relación

Hay quienes durante la etapa de enamoramiento exaltan los atributos positivos de la persona ignorando o minimizando los negativos, e incluso, le colocan expectativas ilusorias al otro, cuando en realidad él o ella no puede, no tiene o no quiere cumplir.

Las necesidades que no pueden ser cubiertas por ellos mismos, quizá por falta de herramientas personales, son depositadas en diferentes personajes, siendo la pareja el más importante de todos.

Cuando transcurre el tiempo y esas demandas dejan de cubrirse o no son proporcionadas del todo, más que preocuparse por obtenerlas, empiezan a buscar un sustituto que se las suministre. Esta persona pudiera ser una extrapareja, ya que no se acepta a la persona como es. En estas circunstancias, la mayoría de los infieles piensan que las situaciones y las personas no son lo que esperaban; al fin y al cabo, el entorno no cumple y se quedan otra vez con un sentimiento de vacío. De tal modo, se ven a sí mismos esperando y esperando, se manifiesta la carencia que los inmoviliza y se genera en ellos una constante insatisfacción.

Como apunta Clara Coria: "El amor es exigido a responder por mucho más de lo que realmente puede proveer".[29] Y agrega: "La pareja es el

---

[29] Coria, Clara, *El amor no es como nos contaron… ni como lo inventamos,* Paidós, Buenos Aires, 2001, pp. 29, 52 y 98.

espacio en donde depositamos no solo nuestros anhelos idealizados de una relación, sino también, y al mismo tiempo, los desechos más denigrados de nuestros comportamientos". Tan solo conociendo y aceptando esto es como logramos relacionarnos de una manera menos idealista y somos más conscientes de nuestra realidad.

## Mi felicidad en manos de otro

Cuando la relación con una extrapareja se vuelve dependiente en lo emocional, se pierde la oportunidad de instalarse frente a esta en una posición de autonomía. Existen infieles que, inconscientemente, colocan sus emociones y responsabilidades en la extrapareja, mantienen una actitud pasiva en la relación y se "cuelgan" del otro, al punto de confundirse y fusionarse sin posibilidad de que haya diferenciación.

Algunas personas se desviven por satisfacer los gustos y exigencias de la persona a quien aman, sacrificándose con la esperanza de que el amor nunca termine y la pareja no los abandone. Esto por lo general causa el efecto contrario: el favorecido con dichas acciones se siente asfixiado y con miedo, ya que no quiere o no sabe cómo corresponderlas. Entonces, siente invadido su espacio e intenta poner distancia.

## La infidelidad es "mala"

A nivel educativo, a muchos infieles se les inculca que la infidelidad es algo "malo" y dañino para la familia (tanto la personal como la de origen), motivo por el cual se entregan a la experiencia con sufrimiento y culpa, dándole un valor negativo a la vivencia por ser incapaces de otorgarle un significado personal; se quedan solo con lo que la familia y la sociedad les suministraron, sin hacerse responsables de sus propias decisiones. Sus creencias no les permiten disfrutar. Considerarse transgresores de una norma los hace sentir que lo que están haciendo, por más agradable que sea, es malo.

## Sufrimiento mayor que las ventajas

La infidelidad por sí misma causa sufrimiento. Los infieles dejan de ver la parte positiva por estar sumergidos en el dolor. Si deciden continuar con la relación de extrapareja, lo hacen bajo el esquema del menosprecio, que les hace no sentirse merecedores de vivir situaciones benéficas y agradables, y cuestionarse por qué la otra persona se decidió a tener una relación, cuando saben que él o ella está comprometido en otra. Eso genera abatimiento y desazón como pago a su infidelidad.

## Duelo estático no resuelto

Cuando se termina la relación con la extrapareja se vive un duelo, quedando, como nos dice Igor Caruso, "siempre presente la sensación de angustia del momento de la separación".[30] Algunas personas infieles no tienen la capacidad de resolver la pérdida, ya sea por la extrapareja o porque añoran la relación que tuvieron; así, se mantienen en una zozobra perenne, que se intensifica cada vez que recuerdan lo que ya no se tiene. En estos casos, por lo general, el dolor se evita adormeciéndolo y el que lo padece tiende a inmovilizarse, como si su vida se detuviera y todo lo que pasa a su alrededor ya no importara.

El fin de una relación amorosa siempre deja una huella, pero con el paso del tiempo la persona se da cuenta de que este episodio no afecta la capacidad para amar en sí misma.

## Miedo al chantaje

La infidelidad siempre es un secreto bien resguardado. Hace que este acto sea motivo suficiente para un posible chantaje por miedo a que se descubra. Se vive con terror y se evita que la relación paralela sea descubierta.

Con cierto grado de desconfianza, que incluso llega a la paranoia, la persona infiel supone, con elementos reales o no, que su extrapareja actuará en contra de su estabilidad familiar, pues piensa que les va a ocasionar un daño.

Sufre convencido de que vive una situación que no controla y esto lo mueve a tratar de llevar el control de ambas relaciones.

---

[30] Igor A. Caruso, *La separacion de los amantes*, Siglo Veintiuno Editores, México, 1969, p. 89.

## Miedo a que la pareja le haga lo mismo

Como ya mencionamos, el infiel suele interpretar su experiencia como una posible pérdida de control ante su pareja de compromiso, ya que si su infidelidad es descubierta podría malograr su estabilidad, superioridad o poder. Ante esto, se cerciora de que su pareja de compromiso le informe sobre sus actividades y le diga con quién se reúne. Utiliza los celos aparentes con la intención de que su pareja de compromiso no se encuentre en las mismas circunstancias y, en segunda instancia, de que el lugar donde esté sea seguro para evitar el cruce de caminos y no ser descubierto; esta situación se conoce como "espejearse" con la pareja. La persona se permite ser infiel, pero es incapaz de aceptar que su pareja de compromiso también lo sea.

## Desgaste físico y mental

En principio, la posibilidad de mantener y experimentar una relación paralela puede proporcionar emociones positivas, que, con el paso del tiempo, tienden a opacarse, sobre todo cuando las personas infieles se sienten abrumadas por el desgaste físico y mental que llevar dos relaciones les genera. Producto de esto y de su escasa habilidad para manejar y gozar las circunstancias, hay infieles que asumen la experiencia negativamente y optan por terminar con la extrapareja. Cabe tomar en cuenta que hay personas con un nivel bajo de energía, quienes, al vincularse en dos relaciones al mismo tiempo, se agotan en lo físico y lo mental.

## Estar abrumado por recuerdos de otros tiempos

Para algunos infieles es agobiante lidiar con recuerdos agradables que permanecen en la memoria, a pesar de haber terminado la relación con la extrapareja. Esto ocurre más por la nostalgia que por la pérdida de la persona. Por una parte, las experiencias pasadas les proporcionan bienestar y, por otra, los lastiman y merman su capacidad de actuar con normalidad en su vida cotidiana.

Los pensamientos son tan recurrentes que pueden lamentarse y cuestionarse si su decisión fue buena; se mantienen atrapados en el pasado y no se permiten vivir el presente, añorando las sensaciones de aquel momento.

De cualquier manera, el dolor por lo que no fue posible los hace vivir de manera melancólica, estancados y sufriendo por los recuerdos.

## Tortura solitaria

En las relaciones con extraparejas el secreto es un requisito indispensable. La persona infiel siente que no cuenta con el apoyo o la escucha de nadie, ya que lo que vive o vivió es censurado por su entorno, motivo por el cual no puede mostrar su dolor ni su bienestar al respecto.

La sensación de soledad llega cuando no es posible compartir experiencias positivas o negativas, y cuando la relación con la extrapareja termina, tampoco puede acudir a alguien que lo acompañe en el duelo por esa pérdida. Se siente desolado y devastado, padece una silenciosa tortura por tener que fingir frente a su pareja de compromiso y la sociedad; una aparente tranquilidad, cuando en realidad se está desgastando, conteniendo y, a veces, sintiendo enojo al tener que ocultar sus emociones. Este es momento para que la persona recurra a una terapia.

## La ira

Cuando alguien renuncia a sus sueños por complacer o brindar un bien mayor a otra persona, se anula como individuo, lo que genera furia y enojo por no ser fiel a sí mismo. La experiencia se caracteriza por la monotonía y el empobrecimiento, sensaciones que traspasa a otras áreas de su vida, lo que le impide ver las diversas opciones que la vida le presenta. El dolor que causa el olvidarse de sí mismos es una emoción que no se permiten sentir y la sustituyen con ira. No proponen lo que les gustaría hacer, pedir o tomar. No pasan a la acción y se enojan con ellos mismos y con quienes los rodean.

De tal manera, la ira es una energía que impulsa la acción. En el caso particular de la infidelidad, la acción se da en contra de uno mismo. La persona infiel se manifiesta al tener que renunciar a lo que desea o quiere y, al mismo tiempo, verse atrapado en una vida que cree y siente monótona y empobrecida.

## Reincidencia

Si bien la repetición de conductas y situaciones parecidas crea disgusto, frustración y culpa, la vivencia de la infidelidad causa placer. Pero si el resultado no es el esperado y la persona infiel siente que la experiencia con la extrapareja no ha sido del todo satisfactoria ni agradable, es probable que le produzca una sensación de fracaso y sufrimiento, ya que para él o ella, el crecimiento no está en la infidelidad como tal, sino en la posibilidad de intentar formas diferentes. Y si a esto sumamos que la historia se repeta con otras personas, el infiel pensará que su equivocación e insatisfacción está relacionada con su elección de extrapareja, más que con hacer lo mismo una y otra vez.

## CRECIMIENTO

*El tiempo por sí solo no cura el trauma,*
*los buenos tiempos lo hacen...*

DON-DAVID LUSTERMAN

El crecimiento nos da la connotación de evolución, de avance en la vida y, en algunos casos, de trascender a través de ella. El crecimiento es acción, no quedarse estático en un solo lugar, es adquirir la habilidad de admitir la posibilidad de nuevos mundos, es la apertura hacia horizontes desconocidos y, por otra parte, también nos da la opción de elegir entre lo que se presenta. Incluso el oxígeno que respiramos está en constante movimiento, ni siquiera este vital elemento puede quedar en nuestro cuerpo sin ser transformado. Lo mismo sucede con el agua: si no fluye y se estanca, se enmohece y se pudre, y con las personas que no se enriquecen día a día y no aprecian lo que el entorno les ofrece, porque tal vez están deteniendo su proceso de vida al permanecer inmersos en el pasado o tener creencias inamovibles sin cuestionarse, abrirse, asimilar la novedad ni integrarla. En cambio, cuando permitimos que la experiencia, y no la culpa, sea la que nutra nuestros pensamientos y expectativas, avanzamos, crecemos y nos complementamos, beneficiándonos con la obtención de nuevas alternativas y vivencias.

Muchas parejas se deterioran y obstruyen su crecimiento cuando dejan de ocuparse en la relación sin hacer el esfuerzo consciente por mantener la fluidez de la energía y sostenerse en el contacto. Estar expuestos a experiencias que nos inciten a evolucionar nos asusta y puede incomodarnos; sin embargo, si nos damos la oportunidad podemos crecer. El desarrollo y el progreso no pueden ocurrir sin el cambio.

Aun viviendo una situación de infidelidad, hay quienes pueden crecer como individuos; con esto no queremos decir que se tenga que ser infiel para lograrlo, ni tampoco que no se pueda crecer mediante una relación estable, pero sí hemos escuchado que hay personas infieles que se benefician y crecen con esta vivencia.

A lo largo de estas páginas hemos visto que algunas personas infieles han informado que se beneficiaron en diferentes aspectos, como los que veremos a continuación.

## La búsqueda del placer

Desde sus deseos más inconscientes, el ser humano presenta una búsqueda del placer, por lo que en el momento de decidir entre el placer inmediato o el duradero, y de ellos, los placeres de la carne y el placer del bienestar perenne, definir sus prioridades le produce conflicto de intereses.

Muchas de estas decisiones están guiadas por la creencia de que si experimentamos placer, esto puede ser motivo de dolor para alguien más o por la idea de que cediendo a nuestro propio placer se obtendrá un bien común. Ante cualquiera de estas posiciones, la decisión resultará difícil a la hora de elegir.

Algunas personas buscan o encuentran situaciones emocionales placenteras, y con este descubrimiento aprenden a sintonizarse consigo mismas más allá del sufrimiento y del dolor. En otros casos, algunos aprenden a contenerse lo suficiente para no sentir dolor, al punto de afectar sus sensaciones dentro del ámbito del placer, ya que al contenerse y defenderse constantemente, pierden la habilidad para responder con asertividad ante nuevas informaciones, ya sea dolorosas o reconfortantes. Estamos programados para actuar de acuerdo con lo que vivimos en el pasado y no con lo que está sucediendo en el presente. Según Gina Ogden: "No es posible abandonarse en el placer cuando nos hemos cortado nosotros mismos de las más básicas emociones y sensaciones".[31] Y esto sucede porque nos instalamos en la realidad que impone el deber sobre el placer.

A través de los años, el ser humano construye un sistema de creencias y paradigmas acerca del placer. Por ejemplo, nos enseñan que buscar el placer por el placer mismo es egoísta y no nos hace una persona de bien, debido a que este constituye, aparentemente, una puerta para todos los vicios: individuales, de pareja o colectivos.

Vivir en el papel de víctima y bajo el esquema del dolor, es mejor visto por nuestro prójimo, la religión y la sociedad. Aun así, hay una parte de la infidelidad que es saludablemente egoísta, pues busca la satisfacción y el placer. No obstante, la elección de cometer una infidelidad, en términos de placer, es difícil ya que estamos acostumbrados a pensar en condiciones de sufrimiento.

La persona infiel que opta por el placer se redime de la carga del dolor. Esta liberación es un tema que se repite en la mayoría de todas las experiencias que hemos podido registrar. El infiel, si no lo sabe, aprende que la vida está hecha de disfrute, belleza, erotismo y entusiasmo.

Más que ejemplificar este hecho, nos gustaría compartir lo que hemos registrado en el rostro de alguien que nos narra su relación y los momentos de placer que experimenta con la persona. Probablemente las palabras y las situaciones cambien, pero una constante son la sonrisa y el brillo especial de sus ojos, así como el buen color del semblante. Por sus expresiones, es evidente que revive el placer de ese momento en el instante en que nos comparte sus experiencias.

## No regirse por absolutos

Existen personas que van a los extremos y juzgan los eventos y a los individuos en términos de bueno-malo, sin medias tintas, sin tonos de gris, y se instalan en una visión polarizada del mundo. Esas personas consideran que la infidelidad es "mala", y si alguien con este perfil se permite ser

---

[31] Ogden, Gina, *The Return of Desire: a Guide to Rediscovering Your Sexual Passion,* Trumpeter, Boston, 2008, p. 78.

infiel, la experiencia puede hacer que cambie su manera de ver el mundo en general: radical y maniquea, con actitudes y posturas extremas, sin puntos intermedios.

Por lo general este tipo de personalidades son inflexibles y poco tolerantes ante el cambio, se rigen por sus creencias. Al relacionarse con otros, si estos no están de acuerdo con sus puntos de vista, caen en señalamientos y juicios porque se sienten amenazados en su fuero interno, se cierran como fortaleza y no son permeables a nuevas ideas. Sienten que cualquier cosa desconocida o no controlada los amenaza, tienen un código estricto respecto a la manera de conocer el mundo y de integrar sus nuevos conocimientos.

Si visualizan de manera positiva la experiencia de la infidelidad y logran no sentirse buenos o malos por haberse permitido vivirla, pueden comprender y aceptar que en otros aspectos de la vida también pasa lo mismo.

### Testimonio

"Para mí las personas que eran capaces de mentirles a sus parejas en la intimidad eran unos desgraciados, pero cuando a mí me pasó y me enamoré, no podía verme así. Yo realmente me consideraba una buena persona, incapaz de cometer una falta en contra de mi relación y de mi familia; fue entonces cuando comprendí lo mucho que había juzgado la moralidad de los demás y cuánto había hablado de más, para mí no había medias tintas: las personas eran decentes o no. Eso ya se terminó. A partir de esa experiencia me atrevo a decir que puedo observar a las personas de manera diferente."[32]

## Ser flexible

La persona infiel se vuelve más flexible ante todos aquellos seres que lo rodean, ya que una infidelidad requiere ajustes de vida y cambios personales, por lo que vive las situaciones con una apertura diferente. Primero, la flexibilización se da consigo mismo, luego se extiende hacia su trabajo,

---

[32] Este y los demás testimonios presentados en esta sección se han tomado del archivo de las autoras.

casa, horarios, amistades, es decir, se amolda a las circunstancias y puede cambiar de roles, dependiendo de los gustos y preferencias en cuestión. Esta elasticidad de posturas lo hace empático con diversas personalidades, y en ocasiones es más laxo en la definición de sus creencias y en el respeto de la ideología de otros, al punto de sumarlas a las suyas.

### Testimonios

"Fue impresionante, dejé de imponerles cosas a mis hijos, dejé de exigir un camino correcto, me di cuenta de que hay más de una forma para ser feliz. Si hay algo que agradezco de esa relación es que aprendí a ser más flexible con los demás y esto empezó al poder ser más flexible conmigo."

"Descubrí que puedo estar en el mundo y moverme en él. Nunca pensé que una relación clandestina, o no sé cómo la llamen ustedes, me hiciera tanto bien en mi vida diaria."

## Tolerancia al fracaso

La maleabilidad y no regirse por absolutos nos permiten tener una visión caleidoscópica del mundo diverso y cambiante que nos rodea. Esto ayuda a que, cuando se atraviese por momentos difíciles, estos se integren de manera más sana a la suma de nuestras experiencias. Las personas con más tolerancia al fracaso, lejos de sentir un dolor lacerante que no les permita digerir la frustración del instante, más bien, consienten y manejan el evento como una situación más de la vida, tratando de obtener algún aprendizaje de eso.

La fortaleza de los que son más tolerantes a los sucesos dolorosos radica en que han aprendido a sobrellevarlos. No se instalan ahí, saben que pasará, porque todo pasa.

### Testimonio

"No soportaba sentir el fracaso en mi matrimonio, y luego pensé que menos soportaría otro fracaso amoroso con mi amante. Ya en el tiempo les puedo contar que cuando se experimenta más de una relación, uno se vuelve más tolerante a los fracasos y los vive con menos frustración e impotencia."

## Individuación o autonomía

Muchas veces se juzgan las infidelidades, focalizándose en la forma como es la extrapareja y, a partir de ahí, se revisa por qué una persona decidió relacionarse con alguien más fuera de su relación de compromiso.

Algunos infieles pasan de justificación en justificación y de extrapareja en extrapareja, sin tener el valor de aceptar que, en ocasiones, la infidelidad puede presentarse no porque la persona con quien se comparte una relación paralela sea especialmente interesante, sino por decisión propia, para experimentar, conocer y reconocerse.

Quiénes son y el autoconocimiento que tienen se ha perdido por la cotidianidad y la probable fusión con sus parejas de compromiso, ubicándose tan solo en roles definidos que marcan la familia y la sociedad. En ellos también sus gustos individuales se han extraviado en el tiempo, olvidando sus preferencias, y en el momento de compartirse en un encuentro sexual, terminan "con-fundidos" con el otro.

Por esto, en ocasiones, ser infiel da la oportunidad de cuestionarse "quién fui, quién soy y qué quiero". Ese ejercicio de reflexión, actualización y recuperación de esencia, provee al infiel de crecimiento.

### Testimonio

"Estar en esta relación me hizo recordar lo que realmente me gustaba algunos años atrás; me di cuenta de que con mi marido tengo muchas cosas, pero que también había sometido mis gustos a favor de una buena relación de pareja y de lo que los otros esperaban de mí. Con decir que tenía muchas ganas de experimentar muchas cosas como mujer y darme cuenta de mis gustos y capacidades que no comprendo cómo me fue más fácil atreverme con él, a quien casi no conocía, y llegar a tener esa confianza de pedirle lo que me gusta, que con mi marido, con quien llevo muchos años y a quien verdaderamente amo."

## Proceso de aprendizaje de uno mismo

Como comentamos en el punto anterior, algunas parejas paralelas detonan un proceso de aprendizaje en diferentes rubros y formas en la persona infiel.

El simple hecho de cambiar de lugar y permitirse experiencias diferentes, despierta una parte importante del ser humano de querer estar en constante movimiento y dejar de lado la cotidianidad, que, si bien es cierto, es cómoda, tiene su parte negativa: el estancamiento.

### Testimonio

"Cada vez que le pedía tener sexo oral a mi mujer, ella me veía con una cara que, se los juro, me hacía sentir como sucio. Por años me la pasé pensando que a lo mejor yo tenía una cierta desviación sexual. Sin embargo, llegó ella y me mostró que mi parte sucia también soy yo y es muy excitante."

## Capacidad para integrar los sentimientos de amor/odio en una relación

Los seres humanos suelen creer que los sentimientos son excluyentes unos de otros, sobre todo cuando se trata de sus opuestos, es decir, si se ama no se puede odiar o viceversa. Pero al conciliarlos, en este caso el amor/odio, pueden ir permeados de las experiencias vividas con esa persona. Esto ayuda a neutralizar sus diferencias para dar paso a un sentimiento nuevo, quizá el de la amistad.

Al terminarse una relación paralela, es posible que uno se encuentre sorpresivamente con sentimientos encontrados, los cuales, en ocasiones, no pueden ser expresados ni comentados, y simplemente se guardan y se elaboran en la soledad para mantener un equilibrio en las emociones.

Una relación paralela puede ayudar a distinguir que las relaciones tienen matices agridulces y que no todo en una persona es agradable y bueno, ni doloroso y malo.

### Testimonio

"Cuando anduve con otra persona y no centré en ninguno de los dos toda mi atención, comprendí, desde afuera, que a veces los amo pero que a veces también los odio. Antes era muy difícil para mí admitir los sentimientos negativos que me evocan las personas que quiero, pero cuando tuve la oportunidad de sostener más de una relación al mismo tiempo, pude comprender, entender e integrar estos dos sentimientos hacia una sola persona."

## Aceptar la vivencia como un obsequio

Existen relaciones de pareja de compromiso en las que los miembros no pueden involucrarse desde la parte sana y positiva. Sin embargo, hay quienes sí se conectan de manera eficaz. Esto deja de ser su centro para convertirse en una constante de su vida, restándole importancia a lo que han logrado.

Cuando las personas experimentan una infidelidad, le asignan varios calificativos: la oportunidad del momento, el deseo de tener una aventura, o la relación cotidiana con alguien que se convirtió en algo más. Pero también hay quienes viven y describen este evento como un agradable obsequio, un plus en la vida. Esto les da la posibilidad de no crear expectativas en la relación y verlo como un extra, un regalo que se permite tomar sin que tenga una connotación negativa. Y, por el contrario, por inesperado ya es ganancia, es una entrega sin condicionantes, que por sincronización de eventos, sucedió, y aparece como "un presente en el presente".

### Testimonio

"Créeme que no lo esperaba, no era algo que estuviera buscando, yo me sentía bien, a gusto con mi matrimonio, pero él llegó en un momento importante en mi vida. Créeme, siempre le fui fiel, nunca pensé en engañarlo, ni siquiera de novios, pero él me dio algo más que yo no esperaba. Lo veo como un extra en la vida, puedo o no tenerlo y no pasa nada, simplemente es como si fuera un regalo que no esperas."

## Aumento de la autoestima

La autoestima es la valoración y el respeto que una persona tiene de sí misma. La autoestima es reconocerse como un ser valioso y digno, y poder afirmarlo al exterior. No se siente vergüenza de quién se es ni de su origen. Cuando una persona decide ser infiel, su autoconcepto y estimación se modifican y amplían, dando la bienvenida al crecimiento y a los cambios.

Frecuentemente se observa que el infiel se reencuentra consigo mismo, empieza a producir cambios emocionales, los cuales se reflejan en su exterior, en su cuerpo. Se preocupan más por detalles y cosas personales que habían descuidado. Surgen diversas renovaciones, como ir al médico, hacer deporte, cuidar su alimentación, etcétera. En otras palabras, en lugar de fijarse en sus carencias, se ocupan de sus grandezas.

### Testimonio

"Llevaba años sin ir al médico, y de comprarme ropa, ni se diga. Criticaba a mis amistades de superfluas y banales porque todo el día estaban en las tiendas, para mí eso eran tonterías y pérdida de tiempo. Mis preocupaciones familiares sí que eran importantes, yo no. Cuando le fui infiel, hace más de diez años, empecé a ocuparme de mí: asistí al médico, quien me recomendó hacer ejercicio; me corté el pelo; me compré cosas; en fin, efectué una serie de cambios en beneficio personal que hasta hoy continúo haciendo. Le agradezco a esa experiencia el poder ponerme hasta arriba en mi lista de prioridades."

## Ofrecen variabilidad

Cuando se toma la decisión de tener una relación paralela, se dan casos donde esta le proporciona a la persona infiel la oportunidad de experimentar una relación diferente de la que ha tenido. Con ello no solo nos referimos al tema sexual, sino desde el vínculo que se puede tener hasta la vivencia que se comparte; eso es lo que le permite descubrir nuevos y más amplios horizontes en otras áreas de la vida.

### Testimonio

"No estaba seguro de qué quería o tenía en mi relación porque siempre tuve el gusanito de qué se sentiría estar con otras personas, puesto que me había casado muy joven. Me preguntaba si alguien diferente estaría mejor, por lo que experimenté más de una relación paralela, mismas que disfruté; pero finalmente lo que me aportó esta variabilidad fue saber lo que quiero."

## Aprender a comunicar acuerdos, límites y expectativas

Tener una extrapareja, por su propia condición, brinda la oportunidad de puntualizar claramente el tipo de relación que se va a establecer. Por ello es necesario crear acuerdos para saber lo qué se puede y no se puede hacer o esperar.

Desde un principio se delimita y aclara hasta dónde se puede llegar, tomando en cuenta las circunstancias de ambas personas. De igual forma, se externan las expectativas que se tienen a futuro. Es indispensable que lo anterior se plantee para que el secreto se mantenga. Los acuerdos deben ser explícitos con el fin de que la relación con la extrapareja funcione, por lo menos por algún tiempo, ya que, de haber incomodidad, se tendrán que replantear dichos acuerdos, o bien, será el fin de la unión.

La práctica de acuerdos explícitos se puede extrapolar hacia otras áreas de la vida diaria: hijos, pareja de compromiso, familia de origen, amistades, etcétera: esto lo hacen sin darse cuenta y termina siendo un aprendizaje obtenido en una relación de extrapareja.

### Testimonio

"No podíamos dejar las cosas sin platicar, ya que los dos estamos casados, y de nuestra discreción dependía la felicidad de nuestras familias y la nuestra propia. Tuvimos que hacer acuerdos, ponernos muchos límites y, de tiempo en tiempo, platicar de nuestras expectativas como parejas paralelas. Creo que es la primera vez en mi vida que sentí que pude comunicar de una manera clara, lo que quiero, puedo y tengo para dar."

## Capacidad de responsabilizarse de sus actos

Siendo el infiel alguien socialmente señalado como culpable de antemano, tiene la oportunidad de responsabilizarse de las acciones que decide tomar en cuanto a sus relaciones. Por un lado, si no elige el camino de pensar que la falla está en su pareja de compromiso y que esta lo orilló a cometer la infidelidad, asume que sus actos son convicciones libres y que, si alguno tiene consecuencias que afecten su entorno (mismos que puede prever con anticipación), los puede afrontar ejerciendo un pensamiento responsable.

### Testimonio

"Ahora ya sé que en un cincuenta por ciento soy responsable de que mi relación de pareja funcionara mal y cien por ciento responsable de tener una extrapareja, y cincuenta por ciento de que esta última marche bien. Sabía perfectamente lo que hacía y las consecuencias que tendría, no me podía autoengañar. Ser infiel me enfrentó de golpe con mi responsabilidad. Tanto de lo bueno como de lo malo, acepto mis actos."

## Posibilita la independencia

Si la persona infiel no es económicamente independiente, se recarga en su pareja de compromiso y es dependiente de los que la rodean, en el momento de iniciar una relación paralela, desde un principio esta le brindará la posibilidad de ser autónomo, ya que, por lo general, estas se viven en secreto sin poderlas compartir con nadie, lo cual no le deja otro lugar más que el de adueñarse y lidiar en soledad con sus acciones y emociones.

Desde este punto de vista, la infidelidad proporciona crecimiento a los que se dan la oportunidad de visualizar la experiencia como una manera de dejar de ser dependientes para volverse autosuficientes.

## Testimonio

"Nunca hice los trámites para un viaje yo sola, es algo de lo que siempre se ocupaba mi marido. Cuando él se cruzó en mi vida, aprendí a viajar yo sola para encontrarme con él; además, por cuestiones familiares muchas veces él no pudo llegar y todo el viaje lo realicé sola. Hoy sé que puedo hacer eso y más, ¡y lo disfruto!… incluso, cuando nos separamos, tuve que hacerme cargo de mis emociones porque en ese entonces no se lo podía contar a nadie."

## Se sienten vivos y auténticos

Tenemos periodos de nuestra vida en que somos como autómatas, como máquinas que funcionan para algún fin, con una rutina condicionada por hábitos que nos ahorran tiempo y que pueden aplicarse a otras experiencias bajo el esquema de la comodidad; y, sin pensarlo, nos instalamos en estas etapas, de tal forma, que perdemos la espontaneidad.

Ante esta dinámica, también se pierde la capacidad de asombro, las ganas de intentar actividades diferentes, tiempo para conocernos y reconocernos. Finalmente, no sabemos quiénes somos, hemos extraviado nuestra identidad y la facultad por la novedad asimilable.

Las personas infieles que redescubren con una extrapareja su habilidad para disfrutar el momento, y la toman, continuamente reportan la sensación placentera de estar vivos. Manifiestan volver a percibir el mundo con todo el colorido, sonidos, sabores, aromas y sensaciones que este les ofrece. Exaltar el contacto físico y emocional les permite retomar su vida con intensidad y afrontarla con una perspectiva más enérgica.

## Testimonio

"Dentro de mi familia yo me sentía como un burro de carga, mi papel estaba centrado en ser el proveedor, no existía como persona, sino como el papá de, el esposo de, el dueño de, el hijo de, etcétera. Hasta que apareció ella y mi vida cambió, volví a sentir que estaba vivo, mi cuerpo vibraba y sentía emociones olvidadas;

ya no era la pareja de… era yo mismo. El ser infiel me resucitó. Es una experiencia que volvería a vivir, estoy completamente seguro."

## Están convencidos de haber ganado algo

Cuando vivimos de manera positiva nuestras vidas y nos permitimos gozar de las experiencias, podemos notar el crecimiento que estas nos aportan. Un buen número de personas infieles afirman que si tuvieran que ponderar las pérdidas contra las ganancias, estas últimas resultarían más ventajosas y que, indiscutiblemente, de poder escoger, volverían a vivir la relación.

### Testimonio

"Siempre me he imaginado que el día que llegue mi muerte y repase mi vida, lo voy a seguir recordando con gusto y una gran sonrisa. Les aseguro que hasta el día de hoy no me he arrepentido."

## Mayores ventajas que sufrimientos

Si durante el transcurso del tiempo podemos evaluar los pros y los contras de una relación pasada, y ponemos en la balanza los momentos felices, contra el posible dolor que se vivió con la extrapareja, se observa —según testimonios de personas infieles que lo aceptan y lo reconocen— que las ventajas que obtuvieron fueron superiores al dolor que la infidelidad les haya causado. La balanza se inclina hacia: obtener mayor dominio del tiempo personal, aumento de la creatividad, elevación de la autoestima, independencia sobre las emociones, aumento de la asertividad; en fin, se enumeran diversas cualidades que opacan el sufrimiento causado dentro de esta misma.

### Testimonio

"Siempre supe de todas las ventajas que esta relación me trajo; mientras duró fue estupenda. El final fue fuerte, duro y doloroso, me costó tiempo aceptarlo, y aunque sé que las relaciones son agridulces, el dolor era grande. Cuando el dolor terminó, ahora que me atrevo a mirar atrás, me doy cuenta de que, con el paso del tiempo, fue lo que había estado buscando. Sentí amor, disfruté mucho de los encuentros que estaban llenos de risa y buen humor, fue una relación romántica, erótica, pasional, amorosa y, repito, cargada con muy buen humor."

## Son excitantes por prohibidos

La motivación y la pasión que algunas personas infieles sienten al hacer algo que consideran prohibido, despiertan excitación y aumento de adrenalina, lo cual repercute y se traspasa a otras áreas de la vida, creando el efecto de motor vivencial: se les ve más motivados y creativos en otras actividades.

La prohibición en sí es lo que puede alimentar este intercambio, atraer la excitación por el encuentro, por la relación o por alimentar sus fantasías. Su transgresión se da cuando se va más allá de los límites dentro de los cuales cada grupo social circunscribe su moral oficial.

### Testimonio

"No encuentro otro momento dentro de todos mis recuerdos que evoque en mí tanta exaltación y excitación como el día que por fin la poseí. Al acordarme lo vuelvo a vivir. Nuestros encuentros no eran fáciles ni frecuentes; los planeábamos, fantaseábamos y los esperábamos con tantas ganas, que el tiempo con ella nunca fue suficiente."

## Desarrollan capacidad de intimar

Algunas personas infieles están cansadas de asumir un papel rígido e inamovible dentro de su relación de compromiso, ya que esto les resta capacidad de entrega y pone en juego muchas cosas, desde el poder hasta el funcionamiento de la pareja en sí. Por ello, una vez instalados cada uno en su rol, es muy difícil cambiar a pesar de que su intimidad como pareja sea afectada por esto.

Sin embargo, cuando se da un encuentro con otra persona y la relación se establece bajo unos parámetros menos exigentes, aumenta su capacidad para quitarse la máscara y moverse del papel que siempre ha desempeñado.

Los problemas cotidianos quedan excluidos de la relación con la extra-pareja. Esto puede propiciar un mayor acercamiento, ya que sin apariencias ni roles específicos que desempeñar, la posibilidad de abrirse a la intimidad y mostrarse como es, simplemente se amplía.

### Testimonio

"Cuando lo miré a los ojos, sentí como si me hubiera perdido en ellos, sentí que me fundía y dejé de ser yo o volví a ser yo, no sé cómo explicarlo. Fue algo diferente, nunca me había pasado, perdí la noción del tiempo y el espacio, y me dejé ir. A partir de ese momento noté un cambio en mí y en la relación, sentí que soy más yo."

## Aprenden a separar e integrar dos mundos

Indiscutiblemente las personas infieles aprenden a manejar dos mundos y consiguen la forma de poder integrarlos. Esta capacidad la adquieren por su necesidad de mantener en secreto el paralelismo de su vida. Hacen lo imposible para que su familia no se entere, e incluso, lo mantienen oculto en algunas áreas sociales a las que pertenecen, por el deseo de querer mantener las dos relaciones paralelas dentro de su mundo interno. En otras palabras, desarrollan la habilidad de separar e integrar indistintamente ambas relaciones, de acuerdo con los eventos externos o internos que se les presenten; descubren la manera de diferenciar, y no mezclar, las circunstancias y su contexto, con el fin de evitar ser descubiertos.

### Testimonio

"No puedo negar que sí me costó trabajo al principio regresar a mi casa y fingir, hasta que con el tiempo me acostumbré a hacer la diferenciación entre una persona y otra. Esto para mí ya no es incómodo, simplemente son parte de mí."

## Aprenden a disfrutar el presente

Al saber que mantienen una relación efímera, las personas infieles aprenden a disfrutar el momento; por tal motivo, intentan resolver lo que se va presentando sin dejar pasar mucho tiempo, ya que están conscientes de que no se pueden permitir arrastrar o posponer los problemas. Esto los ayuda a que el placer, el gozo y el disfrute sean un deleite en el aquí y en el ahora. Asumir que el presente es lo único que tienen los hace ver la vida como lo describe una frase usada en los Alcohólicos Anónimos: "solo por hoy".

### Testimonio

"Cada día que pasaba pensaba que podíamos ser descubiertos y que ya no volvería a verlo. Esto me hacía aprovechar hasta el último segundo de su presencia. Si esto se sabía, podría perderlo o no, pero nunca sería igual. Aprendí que las personas no nos pertenecen y que hay que gozarlas mientras las tenemos aquí."

## Posibilidad de reencuentro con la pareja de compromiso

Contrario a lo que se cree, existen casos en que las infidelidades ayudan y apoyan para que se dé el reencuentro con la pareja de compromiso; es decir, la relación de infidelidad los motiva para realizar cambios que logran captar la atención de la pareja estable.

En ocasiones, esto pudiera acarrearles problemas, pero en otros, más bien produce intriga y hace que él o ella sigan el juego de la seducción. Eso ayuda para que se dé el encuentro entre ellos y aviven la pasión. Esta parte positiva de la infidelidad permite la movilidad en la relación de compromiso.

### Testimonio

"Recuerdo que una vez lo platicamos y concordamos que sentíamos que nuestros matrimonios se habían beneficiado de nuestra relación; puede sonar que soy un cínico, pero realmente pudimos sumarle cada quien a su mundo. Una vez me comentó: 'Si mi marido lo supiera, creo que más que enojado tendría que estar agradecido, esto sí que lo benefició'."

## Se vuelven creativos

Las personas infieles trazan planes astutos para reunirse con la extrapareja, idean una serie de estrategias para lograr el engaño perfecto. La creatividad, en estos casos, es fundamental, ya que se invierte mucho tiempo en la elaboración y organización del encuentro, pues cualquier error podría ventilar la relación. De esta forma, los infieles se vuelven personas creativas y emprendedoras para lograr sus objetivos. Planifican la maniobra y la llevan a cabo, ensanchando sus límites y desarrollando habilidades y herramientas. La creación no se limita a la manera de cómo lograr estar juntos, sino abarca también las actividades dentro del encuentro mismo.

### Testimonio

"Yo era muy metódico, hasta se podría decir que aburrido, siempre había sido ordenado incluso en el trabajo. Creía que la creación era para los artistas, y yo no era uno de ellos. Cuando fui infiel, empecé a fantasear y organizar escenarios inimaginables para mí, me las tenía que ingeniar de una y mil maneras. Mi forma metódica de ver las cosas ya no me era útil; empecé a fijarme en los colores, aromas, texturas, e incluso, a cantar y a poner atención en la música; poco a poco mis cinco sentidos se fueron despertando. Mi interés por tener y mantener esa relación amplió mis horizontes."

## Conocimiento de sí mismo en términos de traicionado-traidor

A la mayoría de las personas les resulta difícil reconocer su parte oscura o, en términos junguianos, su sombra. Estar dentro de una infidelidad puede ser el detonante que dé pie a encarar a esa parte temible de nuestro interior. Sin embargo, si esta se ve de manera positiva con claridad, podemos entender, aceptar e integrar la sombra. Hay que tomar en cuenta que a veces se puede ser traidor, y otras tantas, ser el traicionado, y aun así, ninguno de estos actos nos define como persona en su totalidad, porque esto tan solo es una pequeña trama del complejo universo humano.

### Testimonio

"En resumen, me di cuenta de que a lo largo de mi vida, y en diferentes circunstancias, al igual que muchas otras personas, he participado de alguna manera en triángulos amorosos. Me ha tocado ser, como se dice, el amante, el cornudo y, desde luego, el infiel. Finalmente, no creo que ninguno de estos papeles me haya hecho mejor o peor persona, simplemente es lo que nos toca vivir."

## Cuestionamiento de la conciencia de sí mismo

Quién soy, qué quiero, cómo actúo, de qué soy responsable y qué soy capaz de hacer, son cuestionamientos que la persona infiel puede hacerse una y otra vez.

La infidelidad, por sí sola, puede confrontar a quien la vive desde su educación, sus creencias, valores, su forma de vida y hasta su historia: cómo ha vivido y qué vivencias ha dejado pasar. Cuando en el ámbito personal surge la diferenciación entre el antes de la infidelidad y después de ella, se establece el parteaguas porque la experiencia aporta información importante de quién se es en realidad.

### Testimonio

"Me costó tiempo aceptarlo. Esta es la primera vez que lo voy a confesar: si he de ser sincero, me conocí más con mi amante que con mi esposa. Ahí descubrí quién soy, la amé, y por miedo no me quedé, pensé que probablemente no podría hacerla feliz; pero, siendo honesto, hasta el día de hoy no sé si mi decisión fue la correcta y esa es mi verdad."

## CONCLUSIÓN

Las experiencias de crecimiento que reunimos son muchas y muy amplias. Las que presentamos son una muestra significativa de las ideas más recurrentes, ya que, como sabemos, cada quien tiene un camino único para llegar al crecimiento.

El ser humano puede crecer de manera individual o en pareja; sin embargo, muchas de las personas que elegimos como acompañantes de vida, lejos de ser un terreno fértil para el crecimiento, más bien nos estancan. Las relaciones que caen en lo habitual, familiar y conocido tienden a propiciar roles de comodidad.

Cuando las personas se percatan de que ya no hay posibilidades de crecer con la pareja de compromiso, pero tampoco están dispuestos a dar por terminada la relación, lo más probable es que busquen la infidelidad como una oportunidad de cambio para su vida.

Es fundamental hacer hincapié en que si alguien decide ser infiel una y otra vez, a la larga esta conducta se convertirá en su zona de confort sin encontrar por esta vía el camino del crecimiento. En cambio, si eligiera quedarse con una sola pareja por un periodo de tiempo prolongado o decidiera ser honesto consigo mismo y escogiera no tener pareja de compromiso con base en lo que siente, entonces, crecería.

Como pudimos apreciar en los ejemplos, las frases, actitudes y justificaciones, los infieles señalan una necesidad de ser acompañados, característica relevante en su personalidad, ya que dejan ver "entre líneas" su búsqueda por la ambrosía que no pueden producir por ellos mismos.

Es probable que si las personas notaran esto, la infidelidad representaría, sin lugar a dudas, el momento y la señal esperados para abandonar la zona de confort a la que se está habituado. Es más, les indicaría a los infieles que, de permanecer bajo ese esquema de vida cómodo, tarde o temprano, este podría revertirse y convertirse en su propio ataúd, alejándolos del camino que los lleva a descubrir y abrazar, en un contacto pleno –la novedad asimilable– en un principio de realidad.

Sin embargo, hay quienes crecen gracias a la experiencia de la infidelidad, ya que esta les proporciona remanentes positivos, que incluso perduran después de terminada la relación.

Ciertamente, la infidelidad no es la única manera de obtener crecimiento personal, pero sí es una de las más frecuentes, a pesar de no estar permitida por la sociedad, y esto, quizá, también facilita su evidente fertilidad. Se necesitarían más estudios para comprobar la hipótesis de que si la infidelidad fuera aprobada socialmente, tal vez perdería su esencia, o tal vez esta aprobación no sería relevante. Ante esto, solo el tiempo y el estudio con parejas abiertas, swingers y poliamorosos podrían darnos las pautas y las respuestas.

De acuerdo con el punto de vista de cada persona, la infidelidad puede ser o no la manera en que los infieles interiorizan y concientizan su vida, permitiéndose decidir si se mantienen pasivos, si crecen, si se movilizan o si viven por ellos mismos sin depender de lo externo. Por último, concluimos que la infidelidad es el camino vetado por la sociedad para el crecimiento y la individuación.

## CAPÍTULO 11

# CONCLUSIONES Y RECOMENDACIONES

» Como vimos a lo largo del libro, la infidelidad es un fenómeno común en nuestra sociedad, por lo que no hay que tenerle miedo, negarla o ignorarla.

» Cuanto más se empeñen otras personas en terminar una relación o prohibirla, más se fortificará. Cuando la persona infiel se enamora de la extrapareja, la única manera de poner fin a la relación es que esta se desgaste por sí misma y uno —o ambos— decida no participar en ella.

» La institución matrimonial es una construcción humana; por consiguiente, es compleja, difícil y exigente.

» Los participantes en una infidelidad tienen la opción de interpretarla como una experiencia de crecimiento o como el fracaso de su vida; ello depende de si quieren darse cuenta y ser conscientes de lo vivido.

» Hay cierta incongruencia y doble moral en las creencias humanas y la conducta expresada.

» Son muchas las parejas que traslapan relaciones en algún momento de su vida, pensando que terminar una e iniciar otra en tiempo simultáneo, no es una infidelidad propiamente. Sin embargo, tener dos relaciones de pareja sí lo es.

» Algunos aplican diferentes normas dentro del fenómeno de infidelidad, según el lugar de la triada que estén viviendo. De ahí la importancia de reconocer cuál es nuestra ética y aplicarla por igual, sin considerar nuestra posición en el triángulo.

» La infidelidad no debe tomarse como un insulto personal. En la mayoría de los casos, la intención de las personas infieles no es dañar a su pareja; más bien, se trata de una reacción de miedo a la hora de enfrentar los problemas en la relación de compromiso o, simplemente, de darse el gusto de vivir la experiencia.

» Así como un buen matrimonio tiene lugar entre gente madura, también una infidelidad debe establecerse en esos términos.

» Quienes viven la infidelidad de su pareja podrían hablar de acuerdos respetados o quebrantados, mas no de engaño. Es decisión suya replantearse la claridad y honestidad con la cual se establecieron dichos acuerdos en un principio.

» Asimismo, cuando una promesa no se cumple, tampoco puede esto calificarse como engaño o mentira, ya que no es posible comprobar la intención de la persona en el pasado.

» El ser infiel puede propiciar el fin de una relación o el inicio del verdadero reconocimiento de la pareja y de uno mismo.

» Si la relación de compromiso se basa en necesidades preestablecidas y no en el querer, al presentarse una infidelidad, por lo general, la opción de permanecer o no en esa relación va en función de esa necesidad y no de la conciencia y plena libertad de elección.

» Es verdad que, aunque quisiéramos, no podemos controlar todas las variables de la vida, por lo que nadie está exento de ser una persona infiel.

» En caso de una infidelidad debe haber un replanteamiento del amor por lo que *se es* y no *por lo que se hace*.

» Recordemos que la satisfacción no se basa en una experiencia en particular, sino en el hecho de haberla vivido y haber crecido en ella.

» El significado de la palabra *infiel* dentro del lenguaje cotidiano tiene un estigma —es decir, un atributo profundamente desacreditador—, un peso y un impacto que dañan a las personas infieles, ya que para quien lo porta es señal de duda y desprestigio. Esa persona queda expuesta al menosprecio de su valor y su honradez, lo que repercute en su vida a nivel biopsicosocial.

» Exploramos también que el cuidado que la persona infiel tiene con su relación paralela para ocultar su acto es proporcional a su interés y deseo de mantener su relación de compromiso, su familia y su entorno. Además, el infiel es hermético sobre el tema, pues evita confrontaciones y acciones agresivas que violenten a su pareja.

» Si una persona infiel tiene la intención de agredir a su pareja de compromiso, puede utilizar muchas maneras de hacerlo, incluso, por medio de la infidelidad misma.

» No es sano colocar a los miembros de la pareja en términos de la víctima (el bueno) o el victimario (el malo), ya que esta postura radical reduce nuestra visión de la realidad, obstaculiza el entendimiento y los significados de una acción particular, a la vez que vela otras tantas que podrían ayudar a tomar la decisión de quedarse o no en una relación.

» Para algunas personas no hay agravio más grande que una infidelidad, y no necesariamente porque se trate de la peor agresión que hayan sufrido por parte de su pareja, sino porque la relacionan con el desamor.

» Las malas percepciones de lo que la infidelidad significa son más determinantes en los problemas que enfrenta una relación, que la infidelidad en sí misma.

» En el caso de la infidelidad, nuestra sexualidad, muchas veces descuidada o ignorada, de repente, reaparece y adquiere vital importancia.

» La persona infiel tiene que ser consciente de no violentar a su pareja de compromiso con sus actos. El entendimiento global de la violencia en una infidelidad necesita el estudio integral de las tres (o más) partes involucradas.

» Las personas que fueron "traicionadas" por su pareja de compromiso viven en la posición de víctima y actúan de acuerdo con tal postura. No se dan cuenta de que muchas veces también ellos violentan a su pareja, tanto por el resultado del engaño como por la suma de los enojos acumulados en el transcurso de la relación, y al final se convierten en victimarios.

» Cuando los infieles son descubiertos reciben una serie de ataques violentos de su pareja y de su núcleo familiar y social, que son justificados y promovidos por las normas sociales o grupales que rigen su entorno.

» También pueden vivir su infidelidad procurando la prevención de la violencia con su pareja de compromiso, tomando las debidas precauciones para que quede fuera de la experiencia de infidelidad y responsabilizándose de cuidar su entorno.

» Una infidelidad de crecimiento ocurre entre gente madura, consciente y responsable que asume el resultado de sus elecciones y de la experiencia vivida.

» No hay que confundir la fidelidad con la lealtad y sí saber a quién está dirigida esta última.

» Para que exista la sincera intención de no violentar ni enterar a la pareja de compromiso, es fundamental llegar a acuerdos claros y explícitos con la extrapareja.

» Cuanto más nos empeñemos en tratar a la pareja como un objeto que nos pertenece, más abonaremos el terreno para que se presente una infidelidad.

» Se recomienda el uso del condón, indistintamente de con quién se mantengan relaciones sexuales (pareja o extrapareja). Para ello, es indispensable sustituir el significado que damos al condón de "fe y confianza en la pareja y extrapareja" por, quizá, "cuidado y amor hacia mi salud y mi vida", sin permitir cuestionamientos y sin importar con quién se esté y por cuánto tiempo se haya relacionado con esa persona.

» Así como se mantiene en secreto la relación de infidelidad, en igual proporción hay que evitar exponer los detalles de la relación de compromiso con la extrapareja.

» Si el infiel decide terminar su relación de extrapareja, deberá tener claro lo que esto implica y responsabilizarse ante sí mismo,
preguntarse por qué lo hace, y reflexionar si es por conveniencia,
comodidad, miedo o por el deseo de intentarlo con su pareja de
compromiso. No desde la justificación sino desde la conciencia.

» Lo recomendable es ser fiel a uno mismo y no vivir en el autoengaño.

# Modalidades actuales y futuro de las relaciones de pareja

En este anexo, más que analizar los diferentes tipos de comportamientos amorosos, describiremos su funcionamiento y sus características, para así abordar las modificaciones que el ser humano ha expresado en forma emocional y sexual.

En la actualidad, es necesario ubicar el vínculo amoroso que se crea con una pareja en las diferentes conceptualizaciones existentes. Sin embargo, a mediados del siglo pasado, el tipo de relación se catalogaba básicamente de dos maneras: el matrimonio o la unión libre y el noviazgo; en ellas se definían los derechos que cada una tenía dentro de la sociedad y se estipulaban reglas claras para tener dirección emocional y social. Uno de los objetivos de esta relación era la aceptación, inclusión o exclusión en el medio donde se vinculaban y, en gran medida, esto dependía del tipo de unión que se estableciera dentro de la pareja.

Ahora bien, con el paso del tiempo y la evolución social se han cubierto necesidades y satisfactores individuales, al punto que en muchos casos ya no se mira el exterior que los rodea, sino los intereses propios. Así, se desarrollan nuevos sistemas relacionales, sumándose el avance tecnológico que llega para también incluirse al mundo amoroso.

De estas formas, las más destacadas que encontramos son las siguientes.

## Poligamia

Según Chávez Lanz (1996), la poligamia es una expresión de la sexualidad o variante de la sexualidad, en la que la persona comparte experiencias eróticas y/o emocionales con varias personas en la misma época; es decir, sostiene relaciones con varios otros a la vez. Por su parte, en la poligamia serial, mal llamada "monogamia serial", la persona tiene varias parejas, pero en diferentes épocas cada una.[33]

Se trata de una forma de matrimonio en la que puede entablarse una relación de compromiso legal con varias personas al mismo tiempo. Se denomina *poliandria* cuando la mujer se casa con muchos hombres, y *poliginia*, cuando el hombre contrae matrimonio con varias mujeres, siendo esta última la más frecuente.

## POLIAMOR

El poliamor presenta bases culturales a partir de la revolución sexual y los movimientos estudiantiles y sociales de los años 1960. En este tipo de relación se sostiene más de una relación íntima al mismo tiempo, las cuales tienen que ser del conocimiento y consentimiento de quienes participan. Esta forma incluye compromiso, cuidado mutuo, amor, prácticas sexuales (que pueden tenerse o no), e integración en su vida. Por lo general, el poliamor es duradero y los involucrados saben de la existencia de las otras personas. Cada uno puede, a su vez, tener otras relaciones amorosas sin necesidad de ocultárselo a aquellos con quienes se relacionan.

En esta práctica de relación, las normas de cómo conducirse entre ellos son establecidas libremente por los mismos interesados. Quienes participan deben contar con la habilidad de mantener relaciones simultáneas, sin que eso les cause incomodidad al integrarse.

Se consideran a sí mismos "fieles", por el simple hecho de respetar los acuerdos fijados al inicio de sus relaciones y por mantenerse informados al conformar una nueva relación. Se asigna importancia a la honestidad y el respeto entre sus amores, lo que logran mediante la comunicación, elemento fundamental en este tipo de relación, ya que "sobre aviso no hay engaño". Todos los integrantes de estas relaciones están conscientes de que el amor no tiene exclusividad.

---

[33] Óscar Chávez Lanz, *Glosario de sexualidad humana y sexología*, documento de trabajo, México, p. 44.

Para los poliamorosos, el amor nutre al amor. Cuanto más parejas amorosas se tengan, más enriquecimiento se obtendrá a nivel sentimental. Esto los lleva a asimilar que quienes ahora están con ellos, con el tiempo, quizá ya no lo estén; por tal motivo, establecen sus relaciones con base en el desapego, pues, de lo contrario, aceptarían una vinculación convencional, situación que se contrapone con la filosofía y las creencias que caracterizan a este grupo de personas.

Esta manera de relacionarse no es exclusiva de los heterosexuales. La práctica se extiende a todas las preferencias sexuales y también pueden integrarse aquellos que forman parte de otro tipo de relaciones y optan por este concepto de vida.

## SWINGING (INTERCAMBIO DE PAREJAS)

*Swinging* es una palabra inglesa que, traducida al español, significa "columpiarse, mecerse, balancearse". Con ella se hace referencia al intercambio de parejas, por el movimiento que genera hacia diferentes personas mientras se conserva la relación de compromiso. Esta manera de relacionarse se da en forma consensual de los miembros de la pareja. Para ellos, el intercambio no significa engañar al otro, dado que se limita a la práctica sexual y no incluye el enamoramiento.

El engaño surge cuando se enamoran de otra persona. Lo anterior se evita porque, por lo general, los *swingers* pertenecen a clubes que organizan reuniones que generen estos encuentros, las cuales se efectúan con personas diferentes en cada reunión.

Este término se consolidó a mediados de la década de 1970, aunque algunos estudios muestran que se ha practicado a lo largo de la historia y en diferentes culturas. No obstante, no fue sino hasta el siglo XX cuando obtuvo personalidad propia y reconocimiento como parte de las prácticas sexuales y relacionales.

Las características del intercambio de parejas difieren de un país a otro, pero suelen distinguirse por estar asociadas a clubes que promueven la práctica. Para ser aceptadas y disfrutar las reuniones y los beneficios del intercambio entre socios, las parejas son investigadas y se les exige cumplir diversos requisitos, entre ellos estar casados o comprometidos.

Las reuniones son variadas y pueden organizarse en casas particulares, bares, restaurantes, o en establecimientos adecuados. El objetivo es que los asistentes se conozcan, acuerden las condiciones del intercambio de parejas y decidan si la práctica sexual se realizará en ese lugar o fuera de él.

Las principales reglas del intercambio de pareja son: usar preservativos; aceptar que NO significa NO; procurar el respeto, higiene y discreción, y, en ocasiones, no agendar citas fuera del evento *swinging*. Por lo común, la violación de estas normativas implica la expulsión de la pareja del club.

En la actualidad, estos intercambios están integrados con eficacia. Operan clubes bien organizados en Estados Unidos, Europa y América Latina, algunos de los cuales se promocionan a través de revistas, Internet o clubes externos, como bares, spas, centros vacacionales, entre otros.

## Free (relaciones libres)

Ahora me ves… y ahora no me ves… El *free* o relación libre se caracteriza por el encuentro de dos personas que pueden conocerse o no, y que deciden besarse, acariciarse, o bien, llegar a una práctica sexual, previo acuerdo de no volverse a ver o de continuar por un tiempo los encuentros sexuales sin compromiso.

Esta práctica no es exclusiva de los heterosexuales ni de los adolescentes; es común entre personas de diferentes edades, comprometidas o no, que solo buscan satisfacer el deseo que el otro le provoca. Puede generarse entre amigos o desconocidos, esto no es relevante. Los bares y las fiestas con consumo de alcohol, son sitios propicios para los encuentros, aunque tampoco es una condicionante exclusiva de este tipo de relación.

Al igual que las anteriores, esta forma de relacionarse, sin compromisos y sin que se autodenominen pareja, tiene sus variantes. Las razones por las cuales optan por ella son diversas: por juego, para ejercer su sexualidad con libertad y por un deseo momentáneo.

## Relaciones cibernéticas

¿Ciber amor, sexo virtual? Por fortuna nos encontramos en tiempos donde el avance tecnológico está a nuestra disposición y lo tenemos al alcance de nuestras posibilidades. Esta situación ha impulsado el crecimiento de la sociedad y nos ha facilitado la vida en muchos aspectos.

Los beneficios de este medio de comunicación e información son incontables. Se han escuchado historias sobre personas que han hecho contacto virtual con otras manteniendo una comunicación constante por esta vía y que, al conocerse físicamente, entablan una relación amorosa.

Este es un ejemplo de las infinitas alternativas que ofrece la red para conocer gente, ya sea del país de origen o de otro, eso no importa. Para muchos, navegar por la red brinda la oportunidad de abrirse a nuevas experiencias, hacer nuevos amigos y, quizá, no sentirse limitados en su búsqueda de interacciones personales.

Con la Internet surge una nueva manera de comunicarse, tal vez más simple, impersonal y menos comprometida, pero que, sin duda, por su popularidad hace que este medio sea cada día más dinámico. Existen páginas especializadas (que en algunos casos investigan y corroboran la información que se proporciona) a las que las personas se suscriben con el fin de contactar con otras, no solo para mantener una relación amorosa a distancia, sino para, en un momento dado, llevarlas a formalizar la unión.

Hay quienes prefieren hacer contactos mediante Facebook, navegar por la red hasta dar con alguien que sea compatible; en este caso, el anonimato implica un alto riesgo y lo convierte en un espacio poco confiable. También están quienes buscan tener sexo virtual; es decir, al navegar por la red, incluyen una palabra clave que contacta a una persona para iniciar un contacto erótico sexual, valiéndose de la escritura, o bien, de la cámara instalada en su computadora. Estas aventuras se sostienen con personas desconocidas con quienes no hay contacto físico; sin embargo, el grado de interacción que se desee o se alcance puede provocar que deseen conocerse físicamente, por gusto, o bien, pagando por el servicio. El objetivo es excitarse y llegar al orgasmo.

Con el sexo virtual también se establece otro tipo de contactos, desde los sencillos hasta expresiones sexuales diversas, como sadomasoquismo o parafilias.

La decisión de vincularse en el ciberamor o en el sexo virtual corresponde a cada persona. El objetivo de este libro no es describir qué tipos de personalidades prefieren esta forma de vincularse, sino dar a conocer uno de los tantos medios de interrelación personal que existen. Los motivos de cada persona son individuales, válidos y de libre albedrío, siempre y cuando el acto se realice entre personas adultas.

## RELACIÓN ABIERTA

Este tipo de relación se caracteriza por basarse en el convenio de tener otras relaciones sexoafectivas paralelas a la pareja de compromiso, sin que esto perturbe la unión. Los acuerdos son seleccionados y aceptados por ambos. Cuando este convenio se da dentro de una pareja establecida, se le denomina matrimonio abierto.

## DESCUBRIMIENTO DEL CROMOSOMA

### Avances genéticos. Nos pone lelos el alelo

La mañana del 2 de septiembre de 2008, leí en *El Universal* sobre una investigación realizada por científicos suecos en un laboratorio genético. Era un estudio relativo a genes se encontró que el gen AVPRIA O AVP —variación genética que influye en el compromiso con la pareja— es el alelo 334, el cual corresponde al hombre y está ligado con la hormona vasopresina responsable del orgasmo. Cuando este gen está duplicado, se tiende a ser infiel y cuando se presenta sin duplicidad, no existe "aparentemente" tal tendencia.

Con base en ello, podríamos inferir cuatro combinaciones a partir de este descubrimiento:

1. Quien tiene el gen y la conducta de infidelidad, está en armonía consigo mismo y es tachado por la sociedad.

2. Quien tiene el gen y no la conducta, se somete a la norma.

3. Quien no tiene el gen, pero sí es una persona infiel, sufre por serlo.

4. Quien no tiene ni el gen ni la conducta, también está en armonía consigo mismo y con la sociedad.

Esta información da un giro a lo que se ha creído durante años: que la infidelidad es una decisión personal influenciada por factores externos. No podemos ser reduccionistas y creer que por este descubrimiento el acto de la infidelidad es justificable y puede entenderse como un "desajuste" genético (así como tampoco podemos enjuiciarla). Como se ha escrito, también tienen que ver factores como la historia familiar y personal, educación, tipo de sociedad en que se vive, cultura, valores personales y vínculos establecidos con la pareja actual. Por tanto, volvemos al principio: la infidelidad es una decisión personal, con alelo 334 o sin él.

A partir de los diferentes tipos de modalidades de pareja, podemos enterarnos de que hay otros tipos de relaciones de pareja por los cuales podemos optar, desde un principio, en lugar de la monogamia. Esto nos muestra posibles caminos que podríamos tomar en cuenta junto con lo que las personas quieren y pueden lograr en el tema de pareja.

Así viviríamos, desde una perspectiva más honesta y real con los demás, la multiplicidad de parejas y no necesitaríamos recurrir a la infidelidad como única opción para tener más de una pareja simultánea. Para esto sería necesario que la sociedad se flexibilice en cuanto a la aceptación de los diferentes tipos de pareja y al respeto por las diferencias de los individuos.

## ¿QUÉ SIGUE?

Un taiwanés inventa un software para detectar infidelidades matrimoniales

*Por flp/mz/rml | EFE – mié, 20 abr 2011 06:30 CDT*

En abril de 2015, desde Taipei, la agencia internacional de noticias EFE informó en un diario isleño: "Un taiwanés lanzó un programa informático que ayuda a detectar las infidelidades matrimoniales, al revisar las llamadas y los mensajes telefónicos y electrónicos de la pareja sospechosa".

Huang Kuo-Tai asegura que su programa "Cazar queridas" puede detectar las relaciones fuera del matrimonio con solo teclear el número de teléfono y las cuentas de correo electrónico de la pareja sospechosa.

El programa ofrece los datos de las llamadas realizadas por la pareja y detecta el uso de expresiones como "Te quiero", "No puedo hablar ahora", "Pasa a recogerme" y otras similares.

"Lo mejor del programa es el análisis de las llamadas y la detección de las que son sospechosas; por ejemplo, aquellas que rebasan los 20 minutos lanzan una alerta", dice Huang.

Hasta el momento, el programa no puede procesar los mensajes instantáneos de las redes sociales, pero Huang confía en que podrá hacerlo en un futuro cercano. El invento permite descargarlo gratis en la isla y Huang está recopilando datos de los usuarios antes de lanzarlo como producto de pago EFE.

## Para cerrar

Lo anterior indica que, si abrimos la puerta de nuestro hogar a la tecnología sin precaución, lo más probable es que entre en nuestra alcoba, avance hacia nuestra cama y se instale entre nuestras sábanas. Lo que antes era un espacio íntimo ahora se convierte en un espacio público.

# Derechos y responsabilidades
# de la persona infiel

Sobre este tema, Octavio Giraldo Neira explica lo siguiente:

> La eticidad de cualquier conducta sexual se suele juzgar según las diversas concepciones éticas o religiosas, las cuales pueden clasificarse dentro de dos grandes concepciones: la funcionalista y la humanista.
>
> La concepción funcionalista evalúa la conducta en relación con su funcionalidad en la perpetuación de la sociedad existente y de sus valores [...]. En donde las necesidades o intereses del individuo deben someterse sin consideración a esta función social o colectiva en el uso de la sexualidad.
>
> En contraposición, la concepción humanista parte del individuo para evaluar la eticidad del comportamiento de una persona. Para la concepción humanista, la autorrealización, la autenticidad y el completarse a sí mismo es la meta única y fundamental de la persona. Dentro de esta meta humanista se percibe a la persona como buscadora de la maximización de sus capacidades intelectuales y emocionales, procurando desarrollar al máximo sus talentos y el goce de la vida. La satisfacción sexual se concibe como un aspecto de la autorrealización, de la cual depende la eticidad de la conducta.[34]

---

[34] Giraldo Neira, Octavio, *Nuestras sexualidades. Sexología del género y la orientación sexual*, Autor, Cali, pp. 311-212.

El ser humano tiene derecho a tener una educación sexual para saber elegir qué es lo mejor para él y tomar decisiones de manera libre y responsable. Esto significa no interferir en los derechos de los demás, ya que, insistimos, su cuerpo le pertenece y solo él es capaz de conocer y discernir lo que le conviene y le satisface para llegar a una autorrealización en todos los aspectos, incluyendo el sexual.

Por tanto, desde una concepción humanista, la persona infiel también tiene derechos y responsabilidades.

## DERECHOS

» A ser dueño de su cuerpo, aun estando en compromiso con alguien, ya que un acuerdo no implica la expropiación y, en consecuencia, tampoco el dominio del cuerpo del otro en lo que se refiere a la expresión de su sexualidad y de cómo y con quién compartirla.

» A tener libertad de pensamiento y sentimientos.

» A reservar los pormenores íntimos de su relación de extrapareja en caso de ser cuestionado por su pareja de compromiso. Es responsabilidad de la persona infiel proporcionar los generales (sin nombres) de su relación de extrapareja para que su pareja de compromiso decida continuar o no con la relación.

» A que el pacto de exclusividad que se rompió sea únicamente del reclamo y dominio de la pareja, sin dar cuentas ni ser expuesto ante personas ajenas a dicho acuerdo, a pesar de ser familiares, amigos, terapeutas u otros.

» A participar en la toma de decisiones sobre continuar o no con la pareja de compromiso.

» A que, en caso de decidir continuar con la relación de compromiso, la persona infiel no viva eternamente condicionada.

» A que, en caso de decidir continuar con su relación de pareja, esta no saque provecho de la condición de la falta en áreas como la económica, la familiar, etcétera.

» A no ser juzgado y condenado dos o más veces por el mismo delito, es decir, por el mismo evento de infidelidad.

» A que no se desconfíe del infiel en otras áreas o aspectos de su vida, ya que son independientes al evento.

» A no tener que soportar, de forma pasiva o agresiva, una violencia constante de parte de su pareja de compromiso, ya sea verbal, económica, psicológica o sexual, por haber sido infiel.

» A que sus pertenencias sean privadas y no violadas, ya que no son de dominio público (cartera, celulares, etcétera).

» A que la pena prescriba.

» A no ser vigilado las 24 horas del día.

## RESPONSABILIDADES

» De prevenir una infección de transmisión sexual (ITS), usando condón con ambas parejas, y ejercer una sexualidad responsable.

» De mencionar a la pareja lo que opinamos y pensamos acerca de la infidelidad, para llegar a acuerdos no forzados, obligados ni amenazados, y establecer las bases de convenios claros, específicos, reales y que pudieran replantearse para el bienestar de ambas personas.

» De reconocer los motivos por los que decide ser infiel.

» De no violentar a su pareja de compromiso en forma pasiva o agresiva, por lo que no podrá utilizar la infidelidad para agredirla.

» De analizar qué tipo de persona es su extrapareja y, antes de involucrarse con él o ella, tener claro si está dispuesta a establecer acuerdos de que la pareja, o las parejas, no se enteren (para no violentar), y respetarlos.

» De mantener la información sobre su familia de forma confidencial y no divulgarla con la extrapareja; asimismo, no pedir pormenores de la familia de la extrapareja, si esta no los quiere proporcionar.

» En caso de que la extrapareja tenga cercanía con la familia o la conozca, es responsabilidad de la persona infiel no dar más información al respecto.

» De comunicar a la extrapareja con claridad, si su intención es dejar o continuar con su pareja de compromiso, para que no albergue falsas esperanzas y, a partir de esto, pueda tomar una decisión.

» De respetar los nuevos acuerdos en conjunto con su pareja de compromiso, en caso de que decidan continuar con la relación.

# Bibliografía

Ackerman, Diane, *A Natural History of Love,* Random House, Nueva York, 1994.

Álava, María Jesús, *La inutilidad del sufrimiento. Claves para aprender a vivir de manera positiva*, La Esfera de los Libros, Madrid, 2004.

Arango de Montis, Iván, *Sexualidad humana*, El Manual Moderno, México, 2008.

Blachère, Patrick y Sophie Rouchon, *Pequeñas infidelidades en la pareja. ¿Tolerancia o ruptura?*, De Vecchi, Barcelona, 2006.

Bolinches, Antonio, *Amor al segundo intento*, Grijalbo, México, 2007.

Botwin, Carol, *Los hombres que no pueden ser fieles*, Vergara, México, 1989.

Bowlby, John, *El apego*, Paidós Ibérica, Barcelona, 1993.

Brame, Gloria G., William D. Brame y Jon Jacobs, *Different Loving: the World of Sexual Dominance and Submission*, Villard, Nueva York, 1996.

Bucay, Jorge, *Hojas de ruta*, Sudamericana, Buenos Aires, 2002.

——, *De la autoestima al egoísmo*, Océano, México, 2000.

—— y Silvia Salinas, *Amarse con los ojos abiertos*, RBA Editores, Barcelona, 2008.

Castañeda, Marina, *El machismo invisible*, Grijalbo, México, 2002.

Castells, Cuixart Paulino, *Fidelidad conyugal*, Martínez Roca, Barcelona, 2000.

Caruso, Igor A., *La separación de los amantes. Una fenomenología de la muerte*, Siglo Veintiuno Editores, México, 1988.

Chávez Lanz, Óscar, "Sexualidad, paradigmas y prejuicios", en J. Muñoz Rubio (coord.), *Contra el oscurantismo. Defensa de la laicidad, del evolucionismo, de la educación sexual*, Universidad Nacional Autónoma de México, México, 2009, pp. 193-220.

——, *Glosario de sexualidad humana y sexologia (extracto: expresiones)*, Documento de trabajo, México, 1996.

Coria, Clara, *Las negociaciones nuestras de cada día*, Paidós, Buenos Aires, 1996.

——, *El amor no es como nos contaron – Ni como lo inventamos*, Paidós, Buenos Aires, 2001.

——, Anna Farré y Susana Covas. *Los cambios en la vida de las mujeres. Temores, mitos y estrategias*, Paidós, Buenos Aires, 2005.

Crooks, Robert, Karla Baur y Rojas Lorena Campa, *Nuestra sexualidad*, Cengage Learning, México, 2009.

Damasio, Antonio R. y Joandomènec Ros, *En busca de Spinoza: Neurobiología de la emoción y los sentimientos*, Crítica, Barcelona, 2006.

Daines, Brian, "Violation of Agreed and Implicit Sexual and Emotional Boundaries in Couple Relationships", *Sexual and Relationships Therapy*, vol. 21, 2006, pp. 45-53.

Díaz-Loving, R. y S. Rivera Aragón, *Antología psicosocial de la pareja. Clásicos y contemporáneos*, Universidad Nacional Autónoma de México, México, Porrúa, 2010.

Escohotado, Antonio, *Aprendiendo de las drogas. Usos y abusos. Prejuicios y desafíos*, Anagrama, Barcelona, 2010.

Estrada Inda, Lauro, *Para entender el amor. Psicoanálisis de los amantes*, Grijalbo, México, 1991.

——, *El ciclo vital de la familia. The Life Cycle of Family*, Debolsillo, México, 2006.

Eurípides, *Las diecinueve tragedias*, Porrúa, México, 1977.

Farbman, Suzy, *Back from Betrayal: Saving a Marriage, a Family, a Life*, Crofton Creek, South Boardman, MI, 2004.

Fisher, Helen E. y Alicia Plante, *Anatomía del amor. Historia natural de la monogamia. El adulterio y el divorcio*, Anagrama, Barcelona, 2007.

Fittipaldi, Silvia, *2 + 1 = Engaño. Claves para detectar y sobrevivir a la infidelidad femenina. Claves para detectar y sobrevivir a la infidelidad masculina*, Longseller, Buenos Aires, 2006.

Fourier, Charles, *Jerarquía de cornudos*, Premiá, Tlahuapán, Puebla, 1990.

Fromm, Erich, *El arte de amar. Una investigación sobre la naturaleza del amor*, Paidós, Barcelona, 1959.

Giraldo Neira, Octavio, *Nuestras sexualidades. Sexología del género y la orientación sexual*, Cali, Colombia, Autor, 2002.

Greimas, Algirdas Julien *et al.*, *Semiótica de las pasiones. De los estados de cosas a estados de ánimo*, Siglo Veintiuno Editores, México, 1994.

Guerin, Philip J. y Ofelia Castillo, *Triángulos relacionales: El a-b-c de la psicoterapia*, Amorroutu Editores, Buenos Aires, 2000.

Hellinger, Bert, *Órdenes del amor*, Herder, Barcelona, 2005.

_____ y Hövel Gabriele Ten, *Reconocer lo que es. Conversaciones sobre implicaciones y desenlaces logrados*, Herder, Barcelona, 2007.

Hendrix, Harville y Helen Hunt, *Receiving Love: Transform Your Relationship by Letting Yourself Be Loved*, Atria, Nueva York, 2004.

Hertlein, Katherine M., Joseph L. Welcher y Fred P. Piercy, "Infidelity: An Overview", *Couples Relationships Therapy*, vol. 4, 2005, pp. 5-6.

Hurtado López, María Eugenia, *Tipo de apego en la mujer infiel*, Universidad Autónoma Metropolitana, México, 2007.

Jung, Carl *et al.*, *Encuentro con la sombra. El poder del lado oscuro de la naturaleza humana*, Kairós, Barcelona, 1992.

Katchadurian, Herant A. (comp.), *La sexualidad humana, un estudio comparativo de su evolución*, Fondo de Cultura Económica, México, 1979.

Kepner, James I., *Proceso corporal. Un enfoque Gestalt para el trabajo corporal en psicoterapia*, El Manual Moderno, México, 1992.

Linquist, Luann, *Amantes secretos. Las aventuras amorosas existen. Cómo convivir con ellas*, Paidós, Barcelona, 2000.

Lowen, Alexander, *El lenguaje del cuerpo. Dinámica física de la estructura del carácter*. Herder, Barcelona, 1985.

Lydynia De Moscona, Sara y Mónica Cababié, *Infidelidades en la pareja. Amor, fantasmas, verdades, secretos*, Lugar, Buenos Aires, 2007.

Maimou, Y. y Víctor Abad, *El enfoque centrado en la persona. Vida y obra de Carl Rogers*, Compañía Editorial Impresora y Distribuidora, México, 2006.

Manciaux, Michel (comp.), *La resiliencia: resistir y rehacerse*, Gedisa, Barcelona, 2001.

May, Rollo y Alfredo Báez, *Amor y voluntad. Contra la violencia y la apatía en la sociedad actual*, Gedisa, Barcelona, 2000.

McCary, James Leslie, Stephen P. McCary y Juan Luis Álvarez-Gayou Jurgenson, *Sexualidad humana de McCary*, El Manual Moderno, México, 2007.

Navarro Góngora, José, *Parejas en situaciones especiales*, Paidós, Barcelona, 2000.

Neuman, Gary. *Emotional Infidelity: How to Avoid It and Ten Other Secrets to a Great Marriage*, Crown, Nueva York, 2001.

———, *The Truth about Cheating: Why Men Stray and What You Can Do to Prevent It*, Wiley, Hoboken, NJ, 2008.

Nussbaum, Martha Craven, *La terapia del deseo. Teoría y práctica en la ética helenística*, Paidós, Barcelona, 2003.

Ogden, Gina, *The Return of Desire: a Guide to Rediscovering Your Sexual Passion*, Trumpeter, Boston, 2008.

Ortiz Barrón, M., J. Gómez Zapiaín y P. Apodaca, *Apego y satisfacción afectivo sexual en la pareja,* Universidad del País Vasco, Bilbao, 2002.

Othmer, Ekkehard y Sieglinde C. Othmer, DSM-*IV R. La entrevista clínica,* Masson, Barcelona, 1996.

Patiño, José Luis, *Psiquiatría clínica*, Salvat, México, 1990.

Perls, Fritz, *El enfoque gestáltico. Testimonios de terapia*, Cuatro Vientos, Santiago de Chile, 1976.

————, *Sueños y existencia. Terapia gestáltica*, Cuatro Vientos, Santiago de Chile, 1998.

Perls, Frederick S., Ralph F. Hefferline y Paul Goodman, *Terapia Gestalt: excitación y crecimiento de la personalidad humana*, Sociedad de Cultura Valle-Inclán, Ferrol, 2006.

Pittman, Frank S., *Private Lies: Infidelity and the Betrayal of Intimacy*, Norton, Nueva York, 1989.

Polster, Erving y Miriam Polster, *Terapia gestáltica*, Amorrortu, Buenos Aires, 1980.

Propp, Vladimir, *Morfología del cuento*, Fundamentos, Madrid, 1987.

Puglia, Marcelo, *Manual para hombres infieles*, Javier Vergara, Buenos Aires, 2005.

Raucci, Ana Flor, *Sé infiel… Y disfruta*, Martínez Roca, Madrid, 2008.

Riso, Walter, *La fidelidad es mucho más que amor*, Norma, Colombia, 2000.

Rodríguez, Nora, *Yo fui la otra. Testimonios reales sobre la infidelidad*, Planeta, Barcelona, 2005.

Runte, Gisela, *¿Por qué somos infieles las mujeres?*, Gedisa Editorial, Barcelona, 2003.

Sahagún, Alberto, *Integración sexual humana*, Trillas, México, 1993.

Sánchez Aragón, Rozzana, *Pasión romántica más allá de la intuición una ciencia del amor,* Porrúa, México, 2007.

Schnarch, David Morris, *Passionate Marriage: Love, Sex, and Intimacy in Emotionally Committed Relationships*, Owl, Nueva York, 1998.

Sinay, Sergio, *Vivir de a dos o El arte de armonizar las diferencias. Propuestas para una tarea amorosa*, Del Nuevo Extremo, Buenos Aires, 2003.

Solomon, Steven D. y Lorie J. Teagno, *Intimacy after Infidelity: How to Rebuild and Affair-proof Your Marriage*, New Harbinger Publications, Oakland, CA, 2006.

Sternberg, Robert J., *El triángulo del amor*, Paidós, Barcelona, 1988.

————, *El amor es como una historia. Una nueva teoría de las relaciones*, Paidós, Barcelona, 1999.

Subotnik, Rona, *Will He Really Leave Her for Me? Understanding Your Situation, Making Decisions for Your Happiness*, Adams Media, Avon, MA, 2005.

———— y Gloria G. Harris, *Surviving Infidelity: Making Decisions, Recovering from the Pain*, Adams Media, Avon, MA, 2005.

Symonds, Sarah J., *Having an Affair?: a Handbook for the Other Woman*, Red Brick, Nueva York, 2007.

Walton, Stuart, *Humanidad. Una historia de las emociones*, Taurus, México, 2005.

Wheeler, Gordon, Marta Slemenson y Francisco Huneeus, *Vergüenza y soledad. El legado del individualismo*, Cuatro Vientos, Santiago de Chile, 2005.

Willi, J., *La pareja humana: relación y conflicto*, Morata, Madrid, 1993.

Willi, Jürg y Malena Barro, *Psicología del amor. El crecimiento personal en la relación de pareja*, Herder, Barcelona, 2004.

Zumaya, Mario, *La infidelidad, ese visitante frecuente. Causas, distintos tipos, qué hacer ante su descubrimiento*, Edamex, México, 1998.

## CITAS COMENTADAS

## CAPÍTULO 1

### Sobre el apego

Por ejemplo, en su teoría del apego, el psicólogo John Bowlby explica la relación que se da entre la madre y el hijo y la influencia emocional de la figura materna. Según este autor, el apego es la inclinación que tienen los seres humanos a crear lazos afectivos, duraderos y fuertes, con determinadas personas. Considera que una separación indeseada y una pérdida sentimental pueden ser detonantes del dolor o de conductas como la ansiedad, la ira, la depresión, el alejamiento, entre otras (John Bowlby, *El apego*, Paidós Ibérica, Barcelona, 1993).

Otros psicólogos, como Cindy Hazan y Philip Shaver, o Judith Feeney y Patricia Noller, desarrollaron y aplicaron esta teoría del apego para abordar las relaciones románticas, su función y sus modelos en la adultez. Con base en sus estudios en parejas mexicanas, en 1988 la doctora Angélica Ojeda identificó ocho tipos de apego: i) miedo-ansiedad, ii) inseguro-celoso, iii) seguro-confiado, iv) realista-racional, v) independiente-distante, vi) distante-afectivo, vii) dependiente-ansioso, viii) interdependencia, que luego fueron retomados por la investigadora María Eugenia Hurtado para orientar su análisis del perfil psicológico en relación con la infidelidad. A partir de estas observaciones es posible predecir qué persona tendrá más tendencia a la infidelidad de acuerdo con el tipo de personalidad desarrollada durante el apego. Se concluyó que la personalidad infantil u oral es la más proclive debido a que el apego que experimenta el niño con la madre en esta etapa es distante. Con la perspectiva de la psicología social, el doctor Rolando Díaz-Loving señala que "un ciclo de acercamiento-alejamiento de la pareja permite establecer y categorizar el tipo de relación e información que los miembros de una pareja están procesando, desde la percepción hasta la interpretación del otro como un estímulo. Dependiendo del grado de acercamiento-alejamiento en que se encuentra la relación, cada miembro evaluará cognoscitiva y afectivamente tanto a la persona estímulo como el contexto que se presenta". Las etapas de la pareja que este autor describe son: extraño/desconocido, conocido, amistad, atracción, romance, compromiso, mantenimiento, conflicto, alejamiento, desamor, separación, olvido. Para Díaz-Loving, la persona infiel está situada en una etapa de conflicto donde las parejas no pueden resolver sus problemas por falta de conciencia ideo-emocional, originando una desgastante repetición del conflicto (Rolando Díaz-Loving y Sofía Rivera Aragón [coord. e introd.], *Antología psicosocial de las parejas,* Universidad Nacional Autónoma de México/Porrúa, México, 2010, p. 52).

### Sobre los vínculos

Por su parte, el psicólogo estadounidense Robert Sternberg propone dos teorías diferentes acerca del amor y los vínculos. Una, la del triángulo de amor, en la que los vínculos de la pareja se dan a partir de tres elementos: intimidad, pasión y compromiso, y con base en ellos puede saberse qué tipo de amor existe. Sin embargo, en este postulado no se explica de qué depende que se elija tal o cual persona para entablar relaciones amorosas (Robert J. Sternberg, *El triángulo del amor*, Paidós, Barcelona, 1988). En *El amor es como una historia*, el autor señala que las personas se enamoran cuando sus historias de amor son compatibles, y siempre y cuando se encuentren en roles complementarios (persona-sombra) y puedan compartir características similares. Estas relaciones son equilibradas y pueden llegar a ser duraderas y evolucionar al unísono. En caso contrario, la tendencia a la separación suele ser mayor (Sternberg, Robert J., *El amor es como una historia. Una nueva teoría de las relaciones*, Paidós, Barcelona, 1999).

### Sobre el conflicto

"El conflicto es el medio de crecimiento, cualquier colaboración creativa entre las personas no se da en la armonía sino en el conflicto. Cuanto más se diferencien las personas de manera concreta y lo exterioricen, más posibilidades tendrán de crear juntas una idea mejor de la que hubiera tenido cada una por su parte" (Frederick S. Perls, Ralph F. Hefferline y Paul Goodman, *Terapia Gestalt: excitación y crecimiento de la personalidad humana*, Sociedad de Cultura Valle-Inclán, Ferrol, 2006).

## CAPÍTULO 2
### Sobre la pareja de compromiso y la intimidad

Al respecto, Díaz-Loving comenta que "el conocimiento profundo que una persona puede tener de la realidad de otra [...]se divulga en la privacidad de una relación interpersonal, oculta a la audiencia pública, y [...]se genera no solo por un deseo unilateral o un compañerismo compulsivo, sino por consentimiento mutuo" (Rolando Díaz-Loving y Sofía Rivera Aragón [coord. e introd.], *Antología psicosocial de las parejas. Clásicos y contemporáneos*, México, Universidad Nacional Autónoma de México/Porrúa, México, 2010, p. 576).

### Sobre las relaciones triangulares

"El vínculo entre estos ciclos de proximidad y distanciamiento, y los triángulos, se advierte con claridad, cuando nos preguntamos hacia quién (o hacia qué) se dirigen las personas cuando se distancian de alguien con quien han estado en una relación íntima" (Philip J. Guerin y Ofelia Castillo, *Triángulos relacionales: El A-B-C de la psicoterapia*, Amorrortu editores, Buenos Aires, 2000, p. 22).

## CAPÍTULO 5

### Sobre juicio social: ¿envidia o moralidad?

Al respecto, Walton Stuart comenta: "Desde que la envidia forma parte de los siete pecados capitales, la actitud de desear para uno mismo lo que otros tienen solo puede considerarse una falla moral, sobre todo porque se presume que uno quiere poseerlo sin hacer ningún esfuerzo por conseguirlo" (Stuart Walton, *Humanidad. Una historia de las emociones*, Taurus, México, 2005, p. 214).

## CAPÍTULO 6

### Sobre Motivo 11: Cambios en el ciclo vital de la pareja

Con referencia a estos ciclos, Lauro Estrada los fragmenta didácticamente así: "El desprendimiento, el encuentro, los hijos, la adolescencia, el reencuentro y la vejez" (Lauro Estrada Inda, *El ciclo vital de la familia*, Grijalbo, México, 1997).

### Sobre Motivo 12: Insatisfaccion sexual en la pareja

Se clasifican como: deseo, excitación y orgasmo (Modelo Experiencial Tridimensional de Helen Kaplan) o excitación, meseta orgasmo y resolución (según Masters y Johnson en su Modelo de la Respuesta Sexual Humana).

### Sobre Motivo 27: Uso y abuso de alcohol y drogas

Numerosas investigaciones actuales sustentan el tema de la respuesta sexual al consumo de alcohol o drogas, como: "el alcohol relaja estas funciones de ansiedad o autoconsciencia del cerebro y produce una sensación de euforia. Por lo tanto, después de la ingestión de alcohol en una situación social, la actividad sexual en cualquier género puede parecer menos amenazante". Y continúa: "las implicaciones son de que a niveles bajos de alcohol en sangre, una reducción de la culpa puede propiciar promiscuidad" (Carlos Campillo y Martha Romero, *Antología de la sexualidad humana, Tomo III Los problemas de la reproducción humana. Efectos del abuso de drogas y alcohol en la sexualidad*, Porrúa, México, 2007, pp. 657-675). "Supuestamente este sistema se activa fisiológicamente cuando un evento, actividad o estímulo (tales como el comer, el sexo, la música, etc.), se percibe como placentero" (Campillo y Romero, *op. cit.*, p. 666).

## CAPÍTULO 9

### Sobre la culpa

Jorge Bucay define la culpa como: "Una respuesta interna displacentera producto de la identificación con una demanda de otro". Ese otro puede existir o no, y esa acción propia puede haber sido dañina o no y, finalmente, esa recriminación del otro puede existir o no. Y agrega: "Si antes dije que detrás de un culposo se esconde un exigente, ahora agrego que se esconde también un omnipotente y –de paso, ya que estoy entusiasmado– un manipulador"… "en la omnipotencia, la manipulación y la exigencia, el culpador y el culposo se acercan en su falta de libertad al vivir en función del otro en lugar de responsabilizarse de sus propias vidas" (Bucay, Jorge, *De la autoestima al egoísmo,* Océano, México, 2000, p. 185).

### Sobre el miedo al quebrantamiento del mundo interno

Para Manciaux, "Resiliar es recuperarse, ir hacia adelante tras una enfermedad, un trauma o un estrés. Es vencer las pruebas y las crisis de la vida, es decir, resistirlas primero y superarlas después, para seguir viviendo lo mejor posible. Es rescindir un contrato con la adversidad" (Manciaux, Michel, compilador, *La resiliencia: resistir y rehacerse,* Gedisa, Buenos Aires, 2001, p. 50).

## CAPÍTULO 10

### *Sobre el contacto*

Para Perls, Hefferline y Goodman: "El contacto es conciencia inmediata y comportamiento hacia la novedad asimilable, y también, el rechazo de la novedad no asimilable". Y complementan: "El *self* es precisamente integrador y juega un papel crucial en descubrir y construir los significados mediante los cuales crecemos" (Perls, Frederick, Ralph Hefferline y Paul Goodman, *Terapia Gestalt. Excitación y crecimiento de la personalidad,* Sociedad de Cultura Valle-Inclán, Ferrol, 2006, pp. 9, 16, 249).

### *Sobre el crecimiento*

Según Perls, Hefferline y Goodaman: "Dependiendo de la clase de novedad que se haya tratado y en que se haya transformado, el crecimiento recibe varios nombres: aumento de tamaño, restauración, procreación, rejuvenecimiento, recreación, asimilación, aprendizaje, memoria, hábito, imitación, identificación" (Perls, Frederick, Ralph Hefferline y Paul Goodman, *Terapia Gestalt. Excitación y crecimiento de la personalidad,* Sociedad de Cultura Valle-Inclán, Ferrol, 2006, pp. 9, 16, 249). En este punto nosotras agregaríamos a la infidelidad: "Todos ellos son el resultado de un ajuste creativo".

# Acerca de las autoras

Araceli Ayón Guerrero, licenciada en psicología por la UAM-X, cuenta con estudios relacionados con la atención terapéutica dirigida a adultos, entre ellos la formación como terapeuta psicocorporal (bioenergética) y como educadora y terapeuta sexual por la UNAM. Con experiencia profesional de más de 20 años, actualmente se dedica al trabajo terapéutico, tanto dentro de una institución pública como en la práctica privada.

María Teresa Rajme Hekimian es licenciada en ciencias de la comunicación social por la Universidad Anáhuac, terapeuta Gestalt y terapeuta de parejas por el Instituto de Terapia Gestalt. Es también educadora y terapeuta sexual por la UNAM.

Ambas han participado y colaborado en programas de radio, revistas mensuales y televisión. Asimismo, han participado como ponentes en los congresos de sexualidad de FEMEES con el tema de infidelidad.

Esta obra se terminó de imprimir
en noviembre de 2015, en los Talleres de

*IREMA, S.A. de C.V.*
*Oculistas No. 43, Col. Sifón*
*09400, Iztapalapa, D.F.*